Bilhar 3 Tabelas: Padrões de mesa incomuns

De torneios de campeonato professional

Teste-se contra jogadores profissionais

Allan P. Sand
PBIA Instrutor de Bilhar Certificado

ISBN 978-1-62505-333-6
PRINT 7x10
ISBN 978-1-62505-497-5

PRINT 8.5x11

First edition

Published by Billiard Gods Productions.
Santa Clara, CA 95051
U.S.A.

For the latest information about books and videos, go to: http://www.billiardgods.com

Acknowledgements
Wei Chao created the software that was used to create these graphics.

Índice

Other books by the author ...

3 Cushion Billiards Championship Shots (a series)

Carom Billiards: Some Riddles & Puzzles

Carom Billiards: MORE Riddles & Puzzles

Why Pool Hustlers Win

Table Map Library

Safety Toolbox

Cue Ball Control Cheat Sheets

Advanced Cue Ball Control Self-Testing Program

Drills & Exercises for Pool & Pocket Billiards

The Art of War versus The Art of Pool

The Psychology of Losing – Tricks, Traps & Sharks

The Art of Team Coaching

The Art of Personal Competition

The Art of Politics & Campaigning

The Art of Marketing & Promotion

Kitchen God's Guide for Single Guys

Introdução

Este é um dos livros da série Carom Billiards que mostra como os jogadores profissionais tomam decisões, com base no layout da mesa. Todos esses layouts são de competições internacionais.

Esses layouts colocam você dentro da cabeça do jogador, começando pelas posições das bolas (mostradas na primeira tabela). O segundo layout da tabela mostra o que o jogador decidiu fazer.

Sobre os layouts de tabela

Estas são as três bolas na mesa:

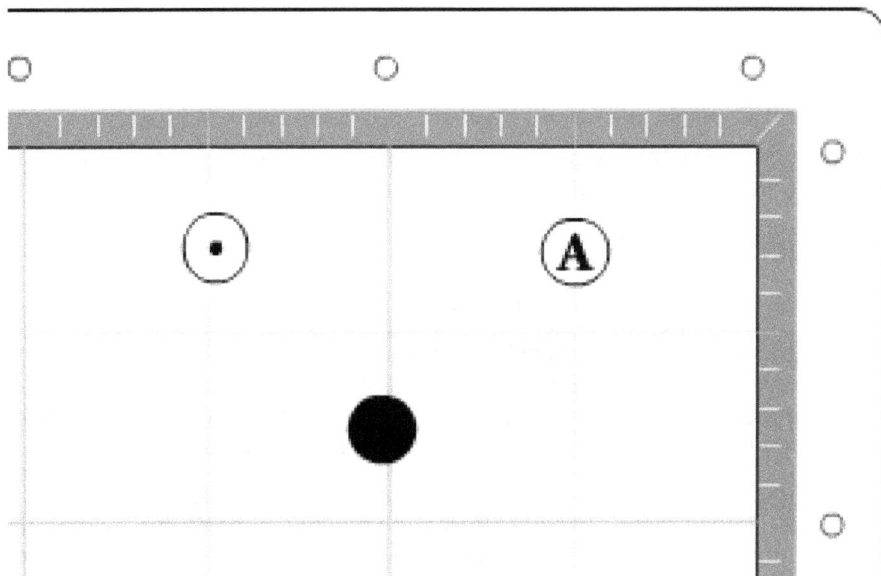

(A) (CB) (sua bola de bilhar)

(•) (OB) (bola de bilhar oponente)

● (RB) (bola de bilhar vermelha)

Cada configuração tem dois layouts de tabela. A primeira tabela é a posição das bolas. A segunda mesa é como as bolas se movem na mesa.

Instruções de configuração da tabela

Use anéis de papel para marcar as posições da bola (comprar em qualquer loja de material de escritório).

Coloque uma moeda em cada tabelas da mesa que o (CB) vai tocar.

Compare seu caminho (CB) com a segunda configuração da tabela. Para aprender, você pode precisar de várias tentativas. Após cada falha, faça o ajuste e tente novamente até ter sucesso.

Objetivo dos layouts

Esses layouts são fornecidos para dois propósitos.

*   Sua análise - Em casa, você pode considerar como reproduzir a configuração na primeira tabela. Compare suas ideias com o padrão real na segunda tabela. Pense na sua solução e considere as opções. Na segunda tabela, você também pode analisar como seguir o padrão. Mentalmente jogue o tiro e decida como você pode ser bem sucedido.

*   Pratique a configuração da mesa - Coloque as bolas na posição, de acordo com a configuração da primeira mesa. Tente fotografar da mesma maneira que o segundo padrão de mesa. Você pode precisar de muitas tentativas antes de encontrar a maneira correta de jogar. É assim que você pode aprender e jogar essas jogadas durante competições e torneios.

A combinação de análise mental e prática prática fará de você um jogador mais inteligente.

A: Tabelas primeiro

Estas são configurações interessantes. O (CB) primeiro entra em uma tabelas e depois completa a pontuação com uma circunstância incomum.

Ⓐ (CB) (sua bola de bilhar) - ⊙ (OB) (bola de bilhar oponente) - ⬤ (RB) (bola de bilhar vermelha)

A: Grupo 1

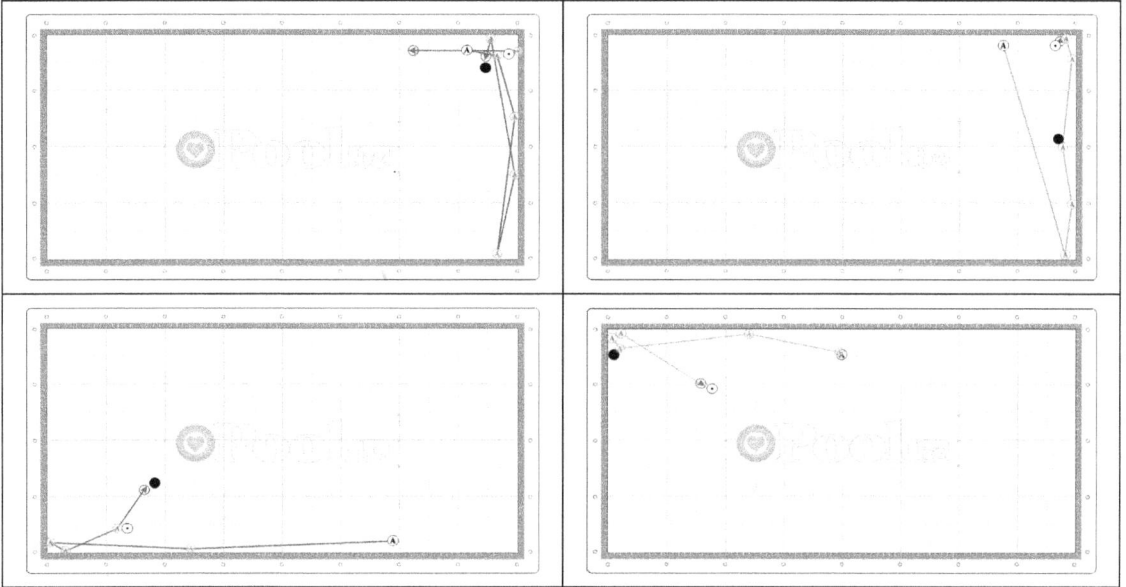

Análise:

A:1a. _____

A:1b. _____

A:1c. _____

A:1d. _____

A:1a – Configuração

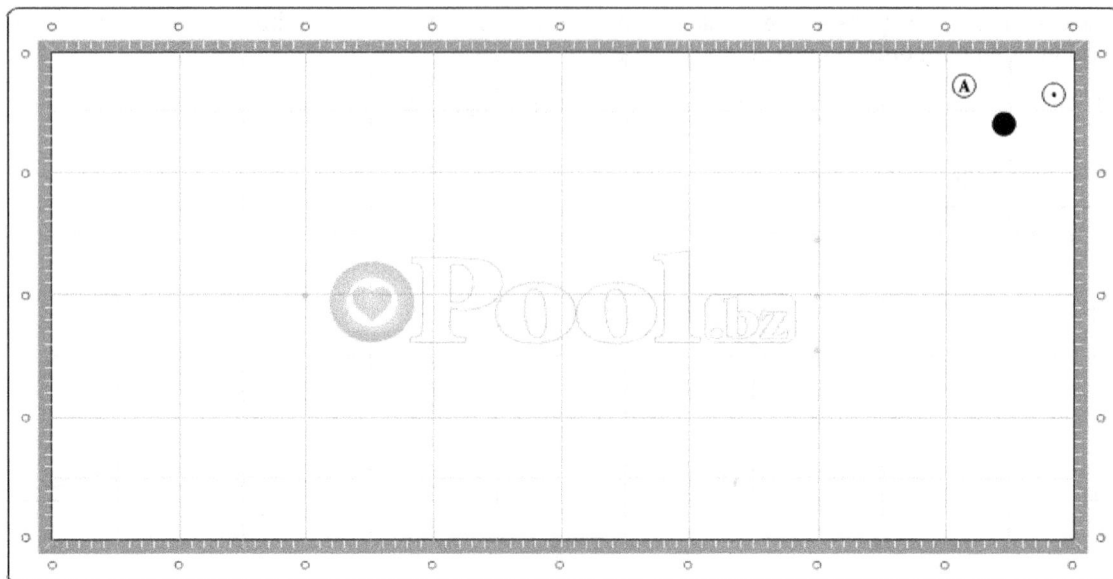

Notas e ideias:

Tiro padrão

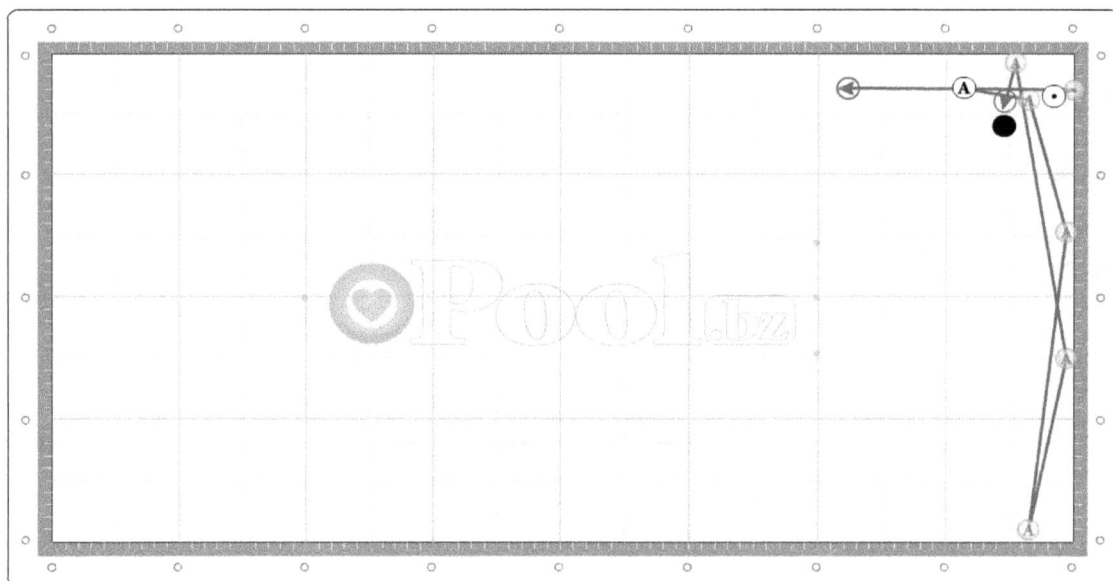

A:1b – Configuração

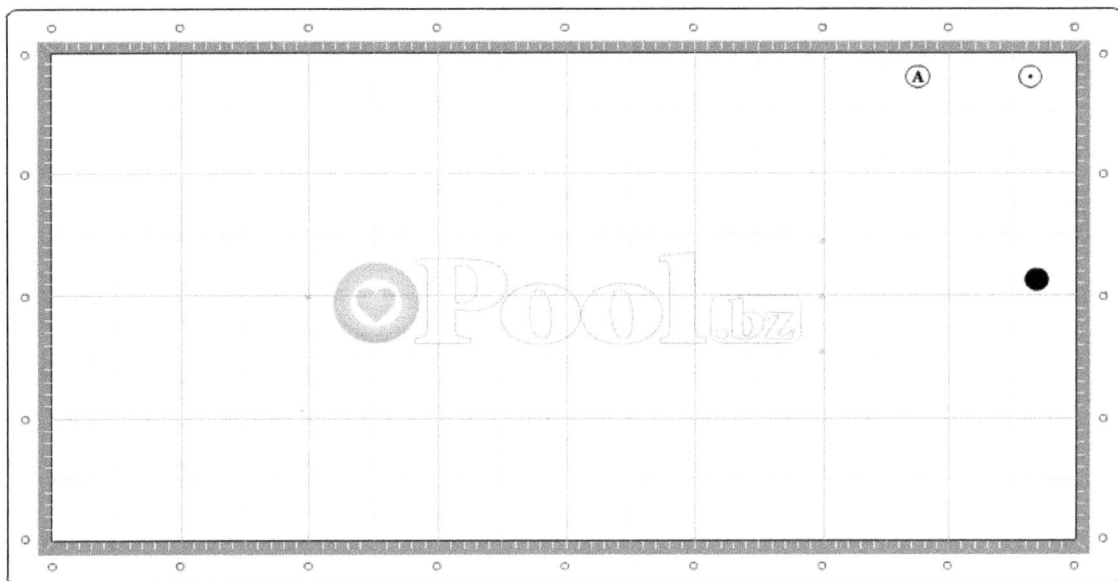

Notas e ideias:

Tiro padrão

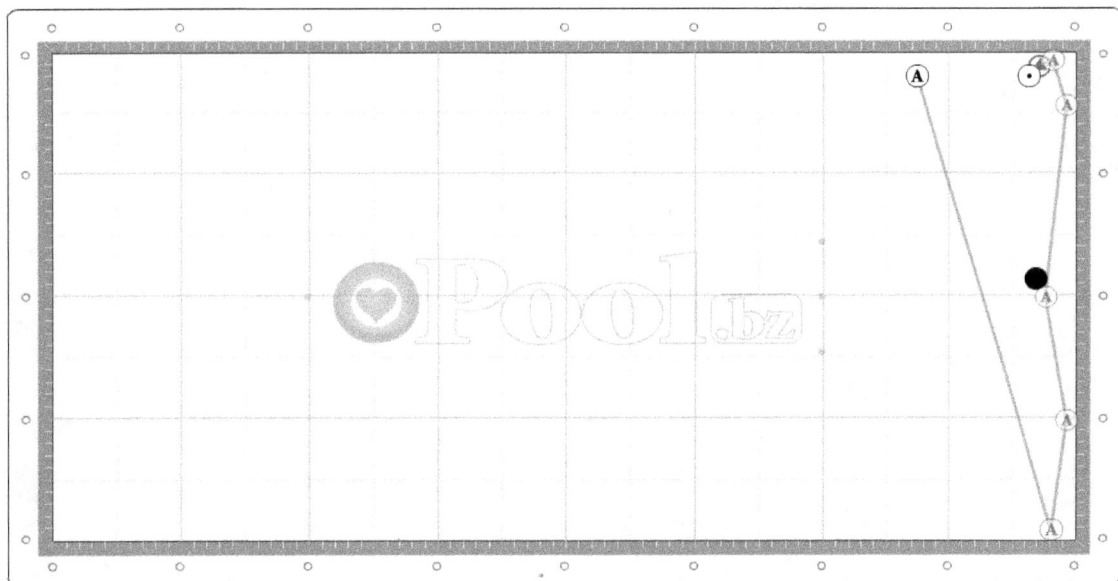

A:1c – Configuração

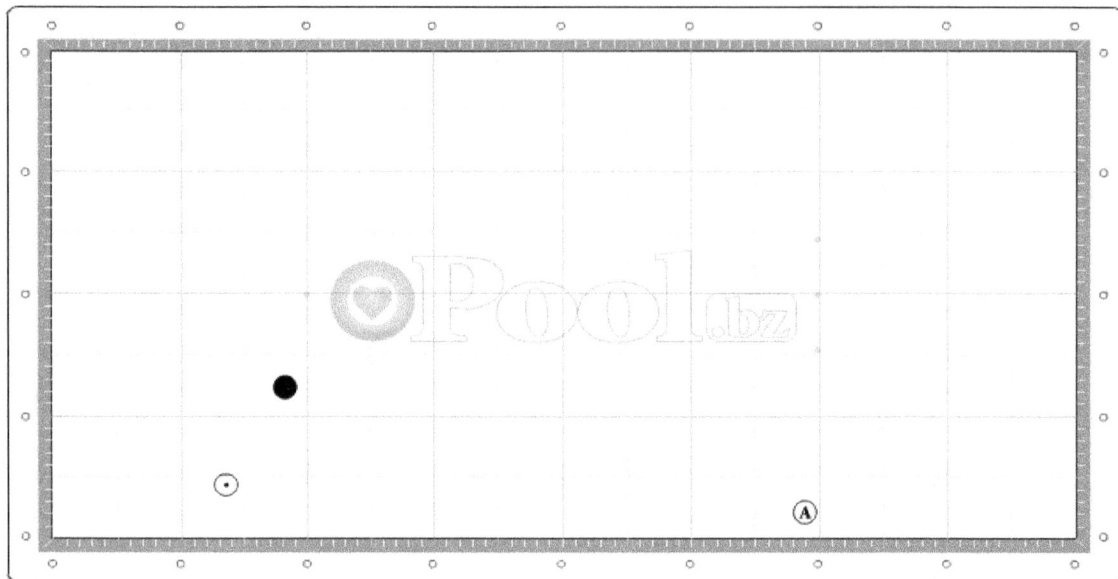

Notas e ideias:

Tiro padrão

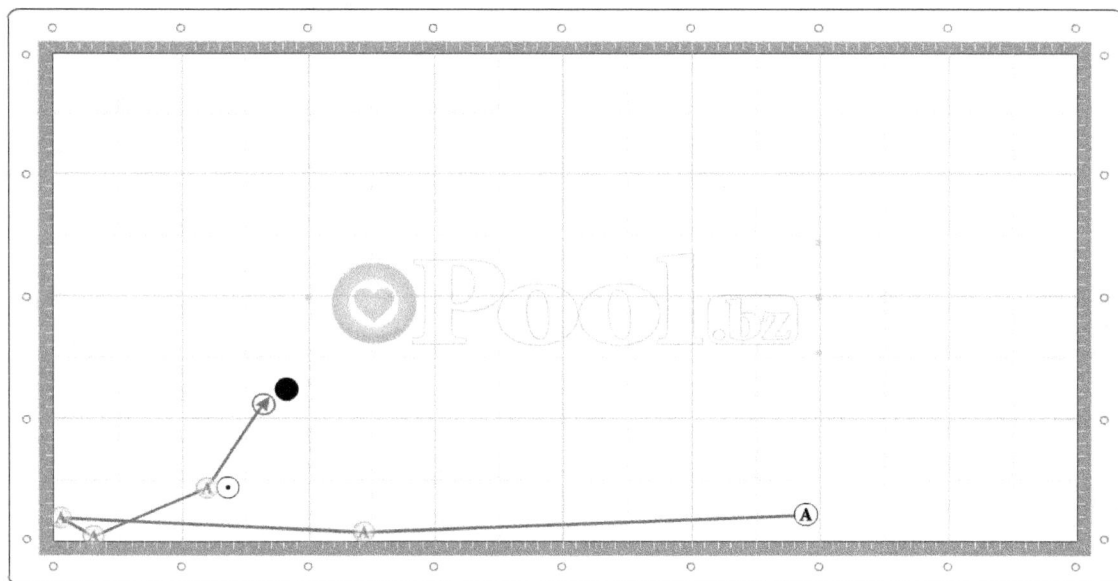

A:1d – Configuração

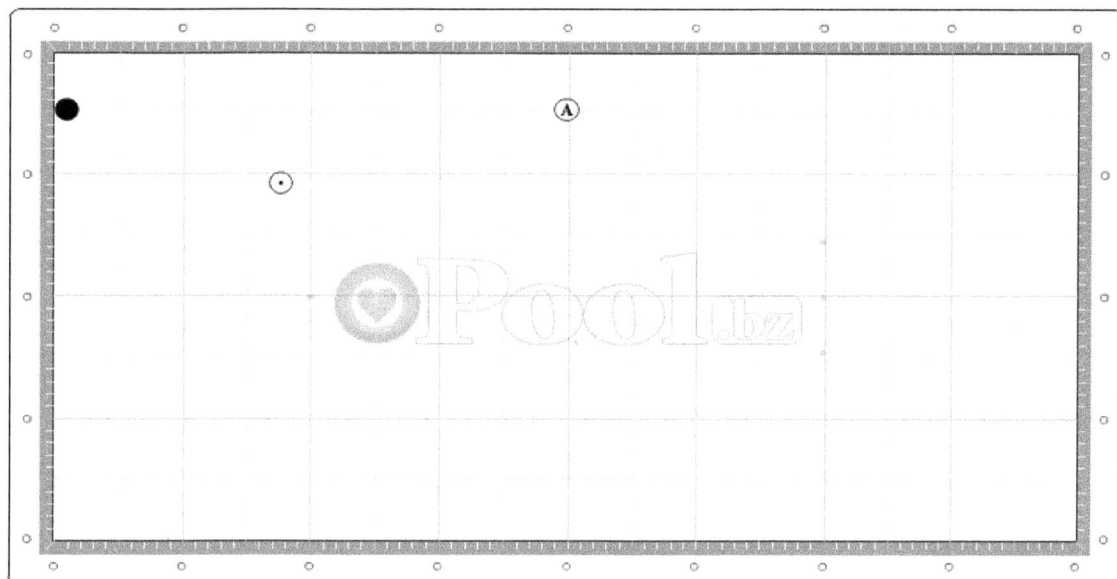

Notas e ideias:

Tiro padrão

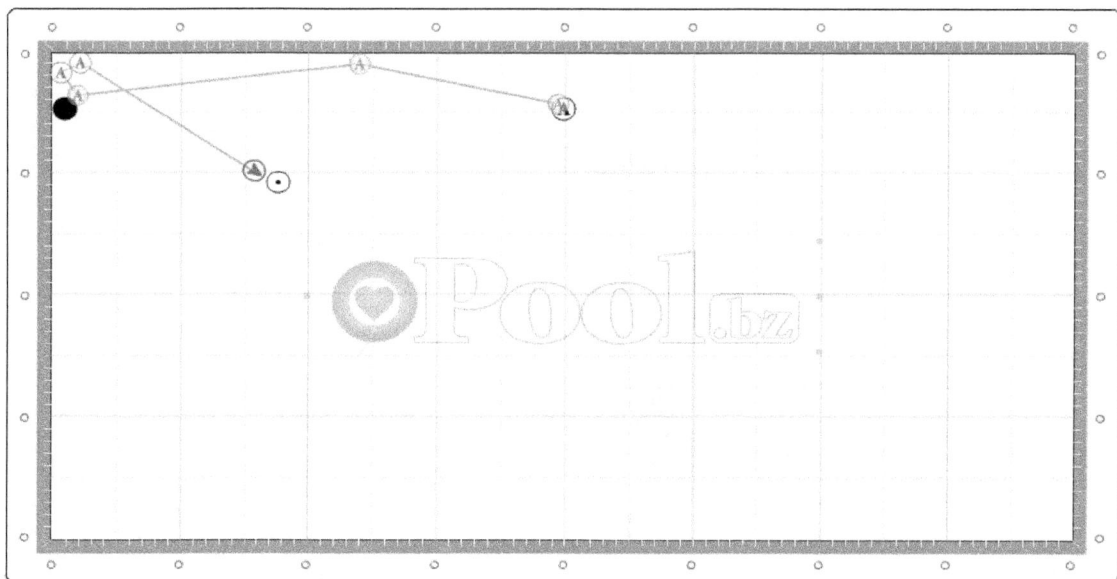

A: Grupo 2

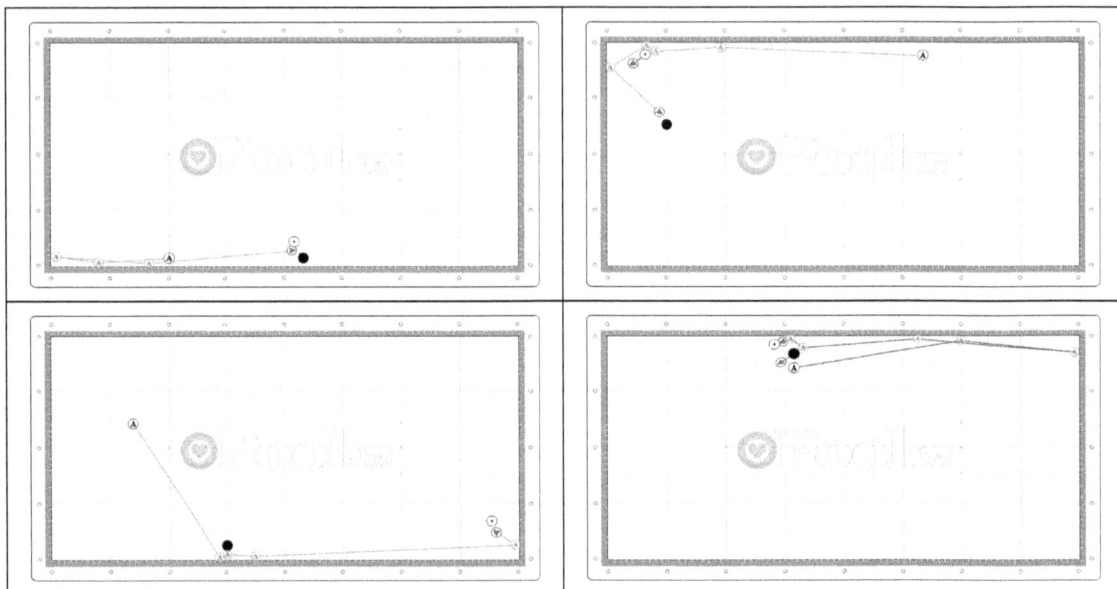

Análise:

A:2a. _____

A:2b. _____

A:2c. _____

A:2d. _____

A:2a – Configuração

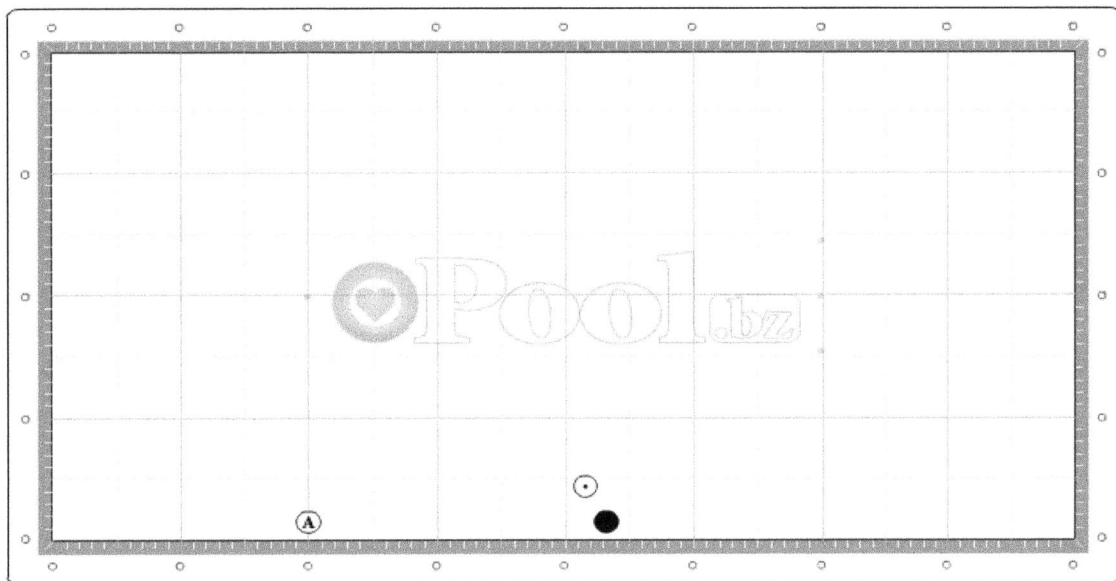

Notas e ideias:

Tiro padrão

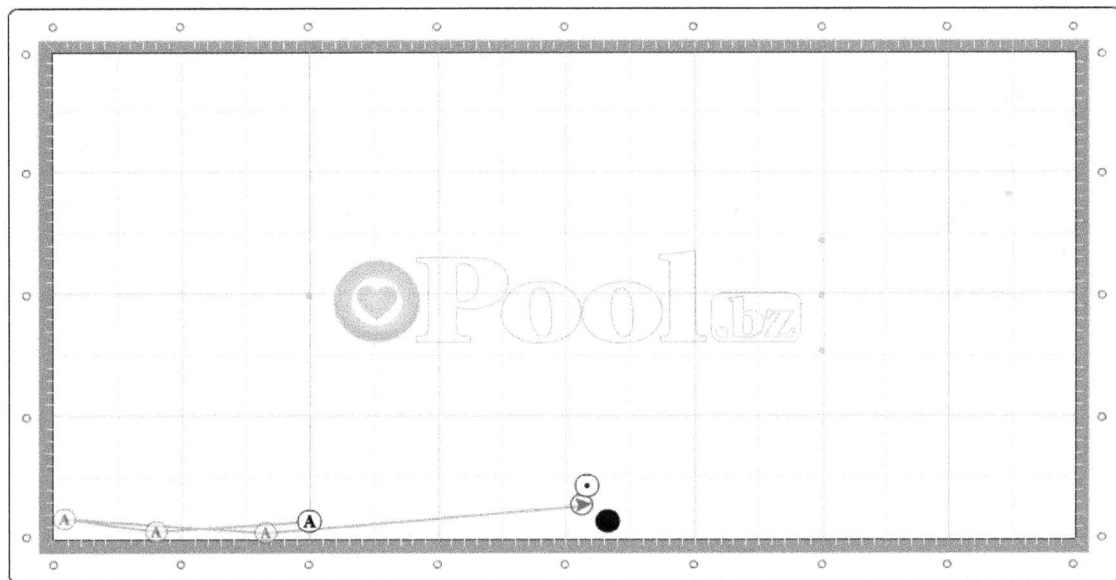

A:2b – Configuração

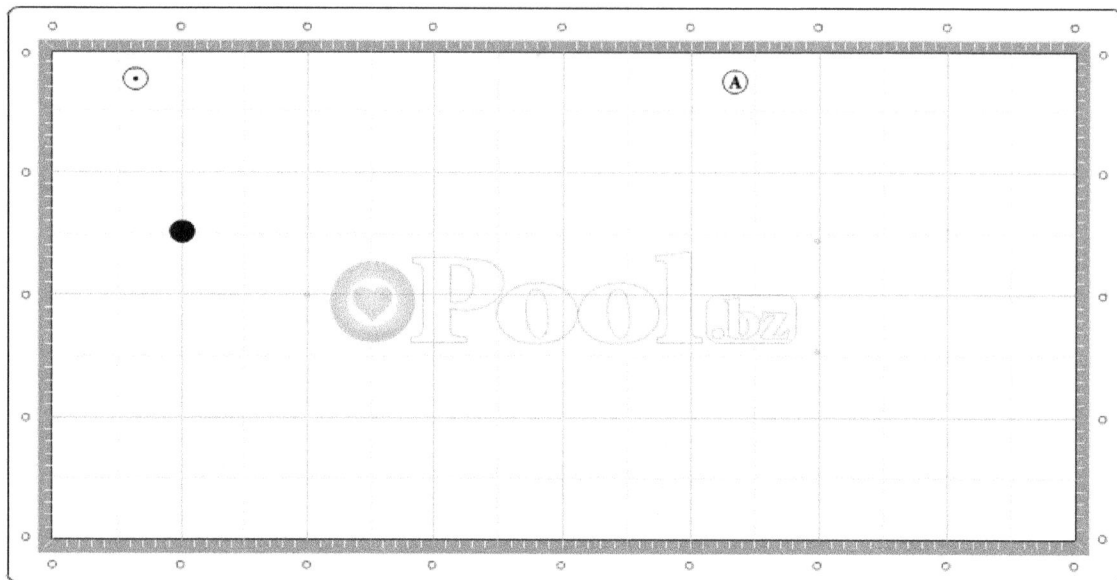

Notas e ideias:

Tiro padrão

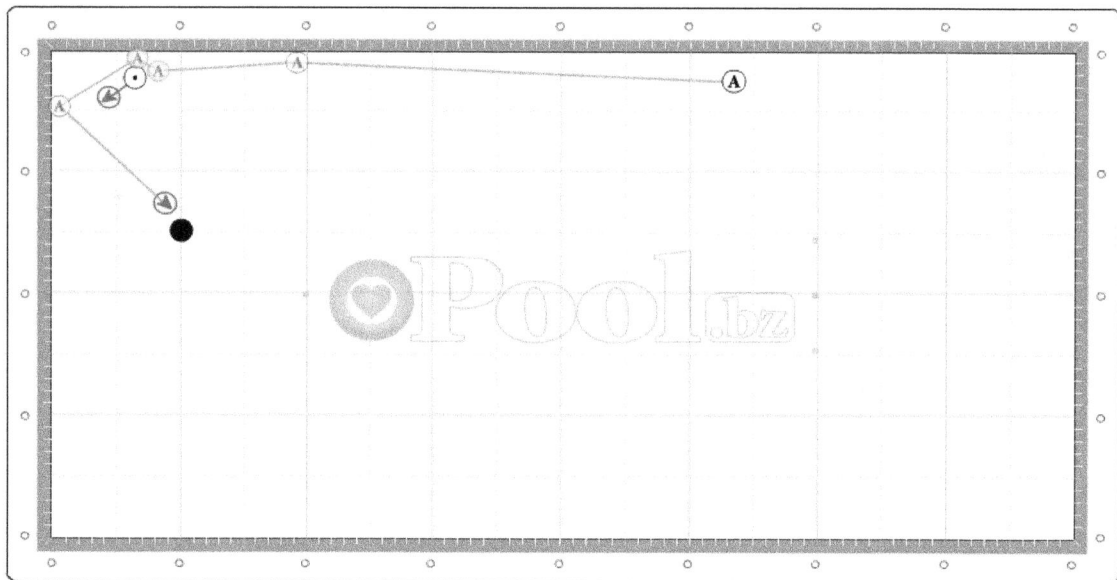

A:2c – Configuração

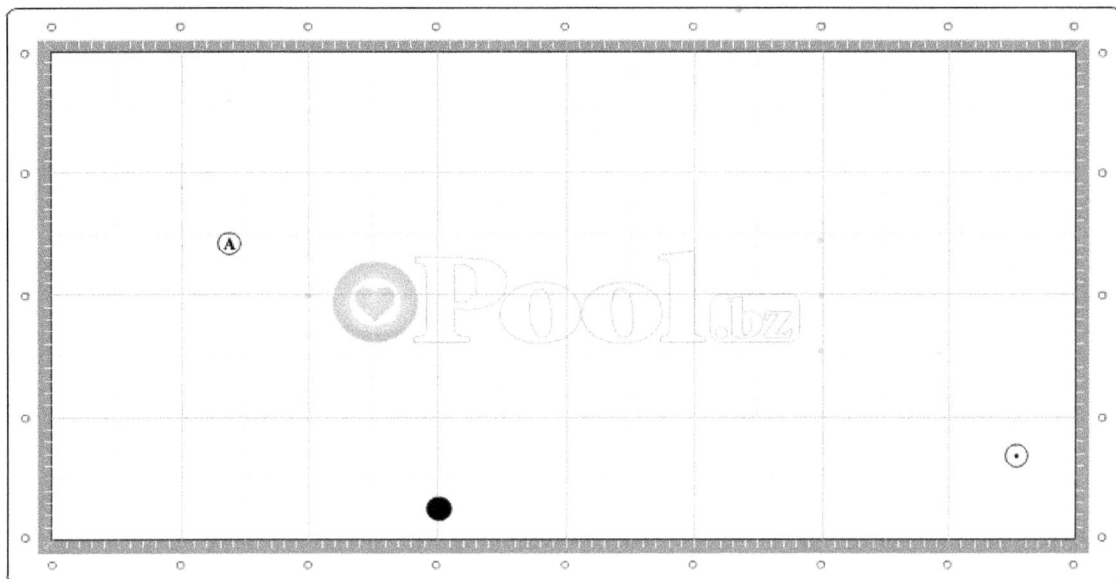

Notas e ideias:

Tiro padrão

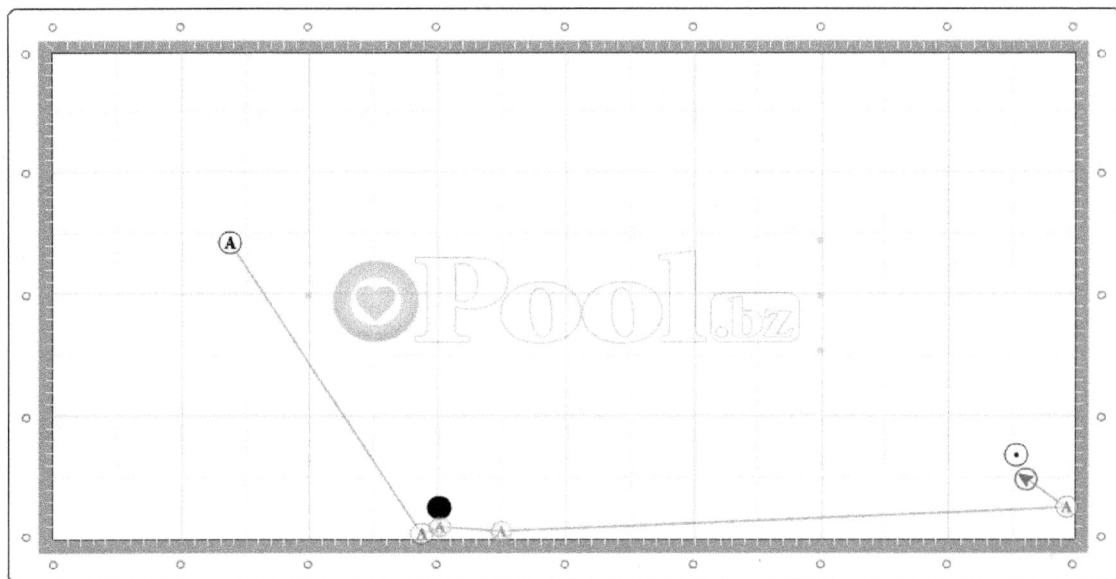

A:2d – Configuração

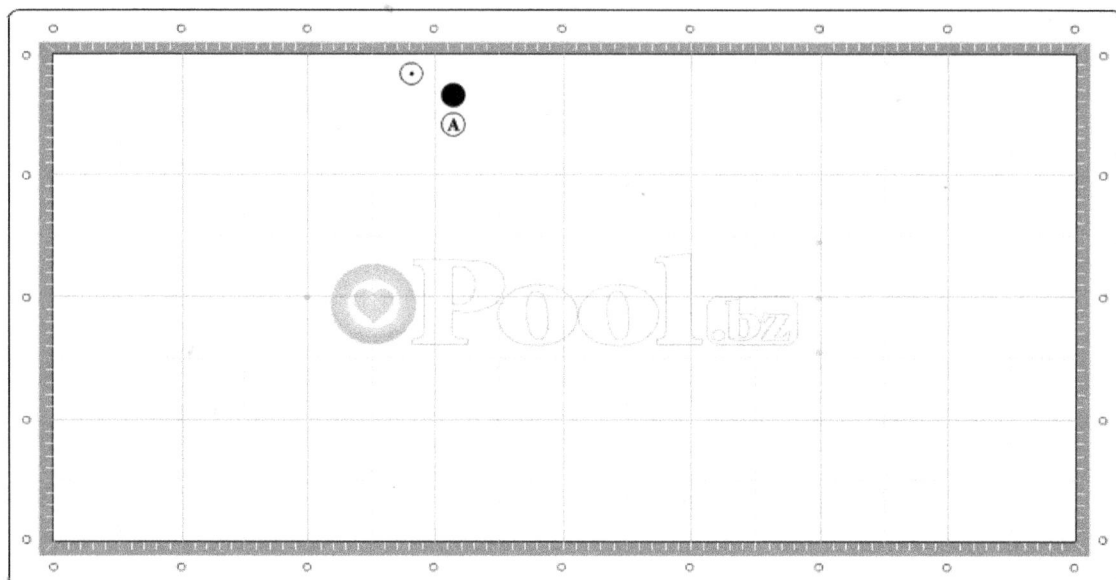

Notas e ideias:

Tiro padrão

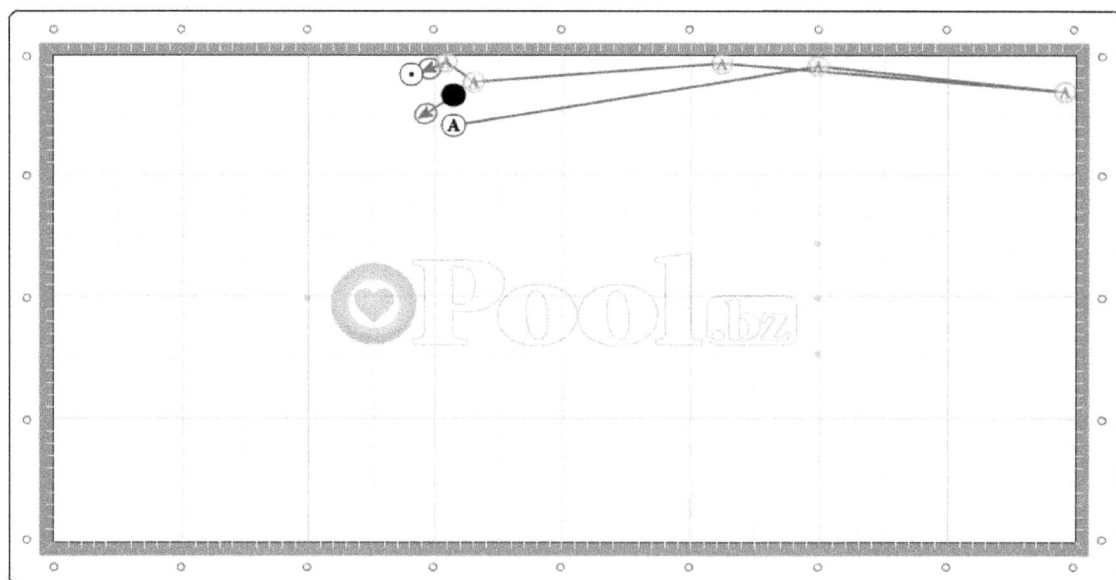

A: Grupo 3

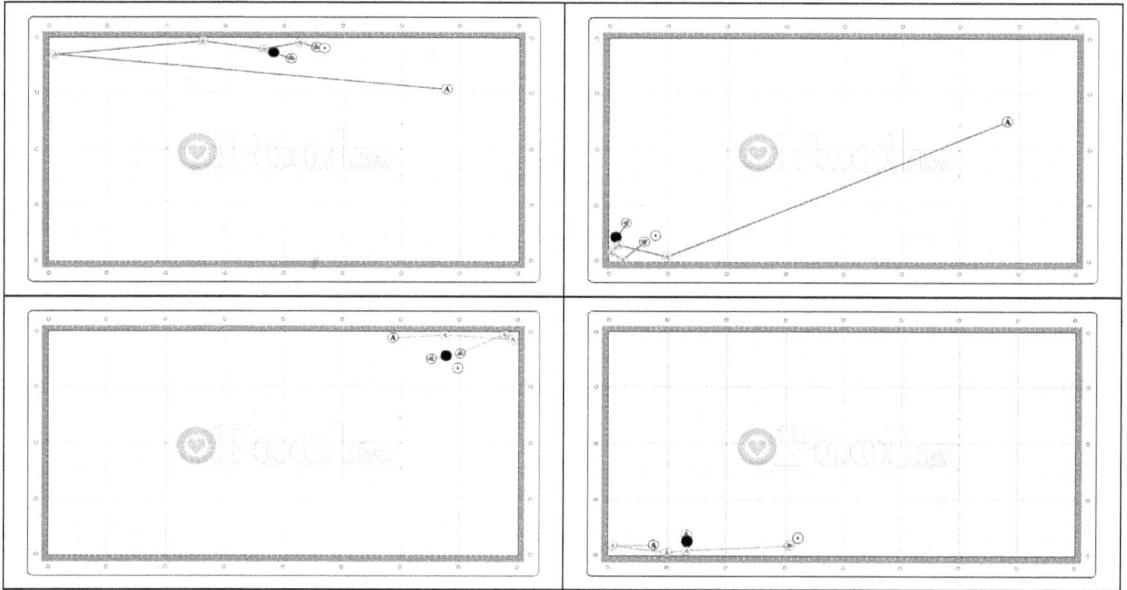

Análise:

A:3a. _____

A:3b. _____

A:3c. _____

A:3d. _____

A:3a – Configuração

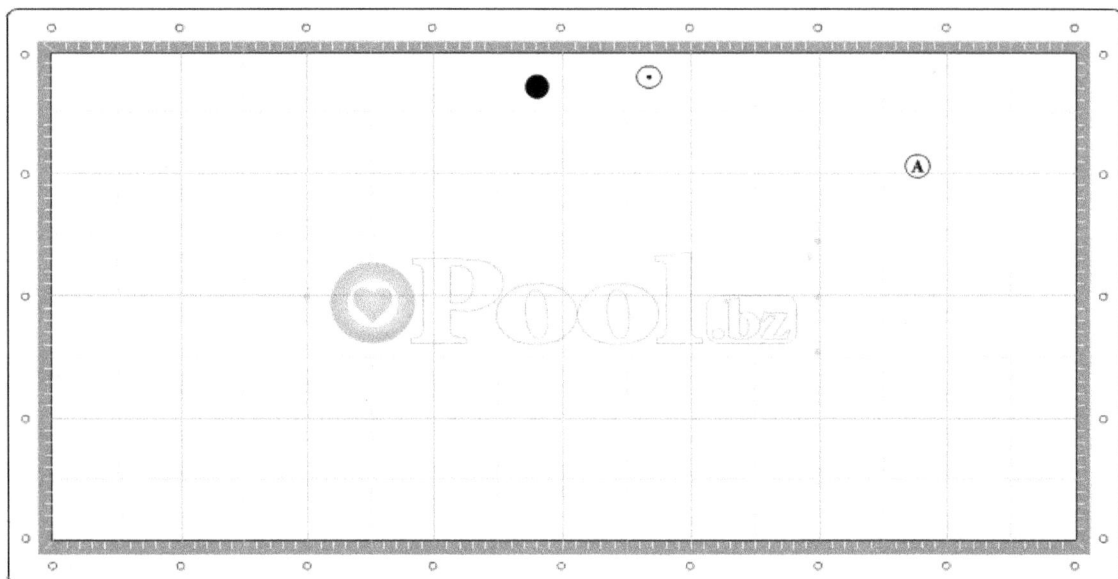

Notas e ideias:

Tiro padrão

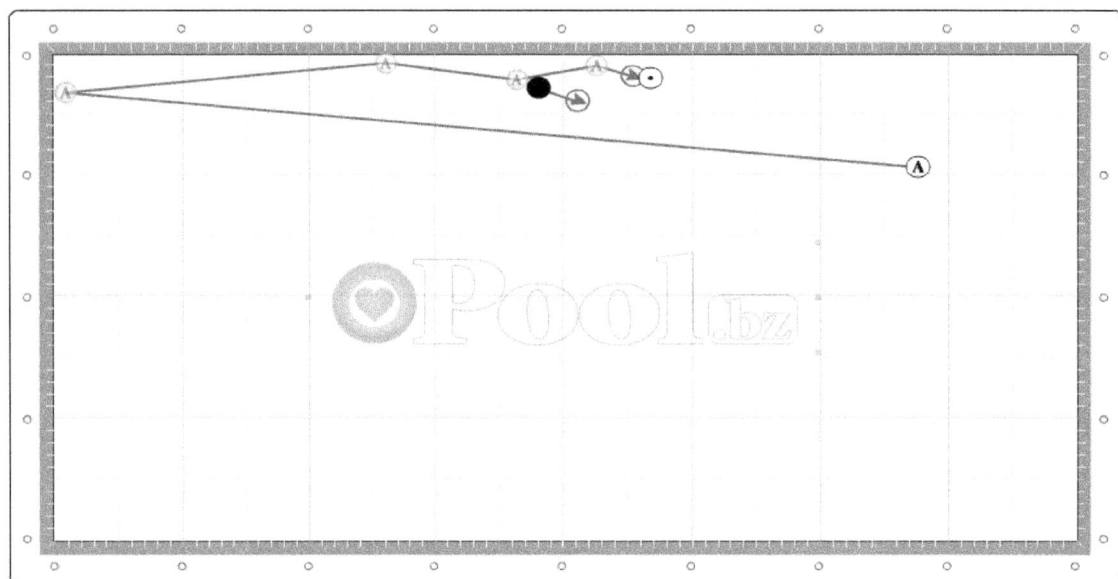

A:3b – Configuração

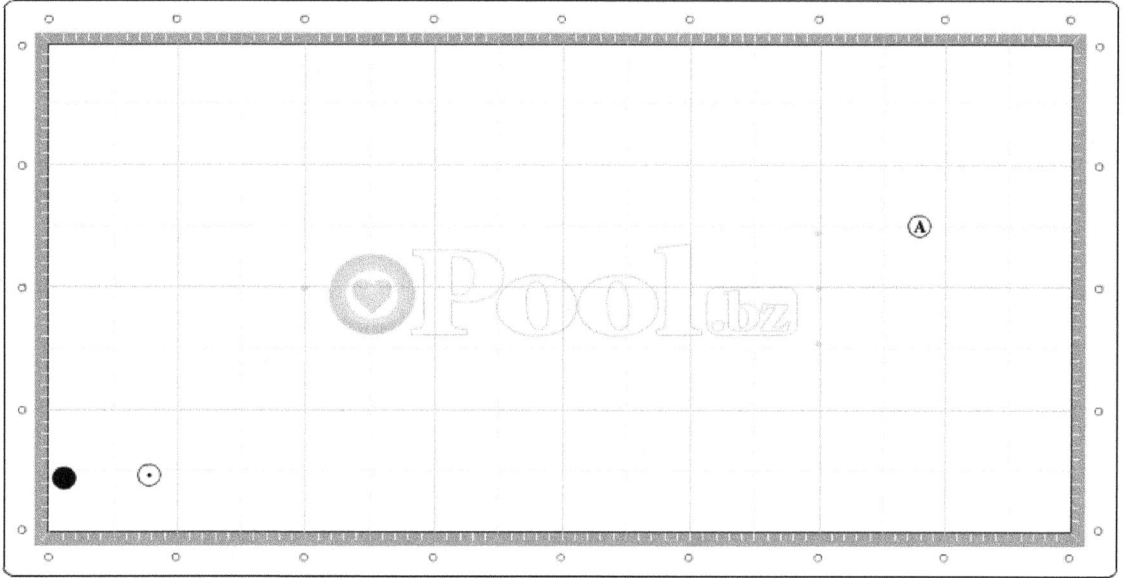

Notas e ideias:

Tiro padrão

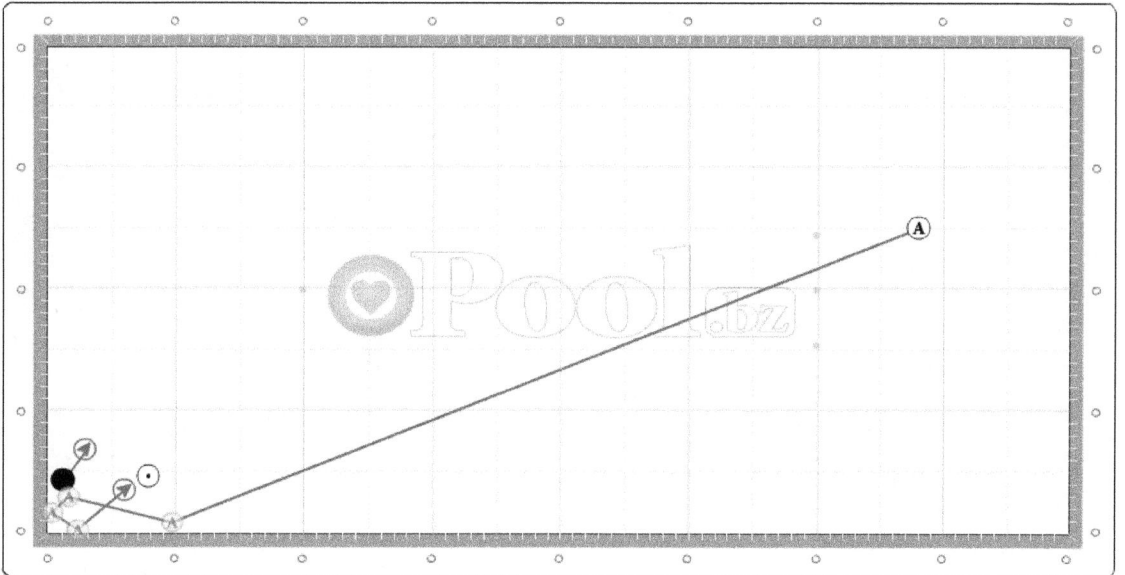

A:3c – Configuração

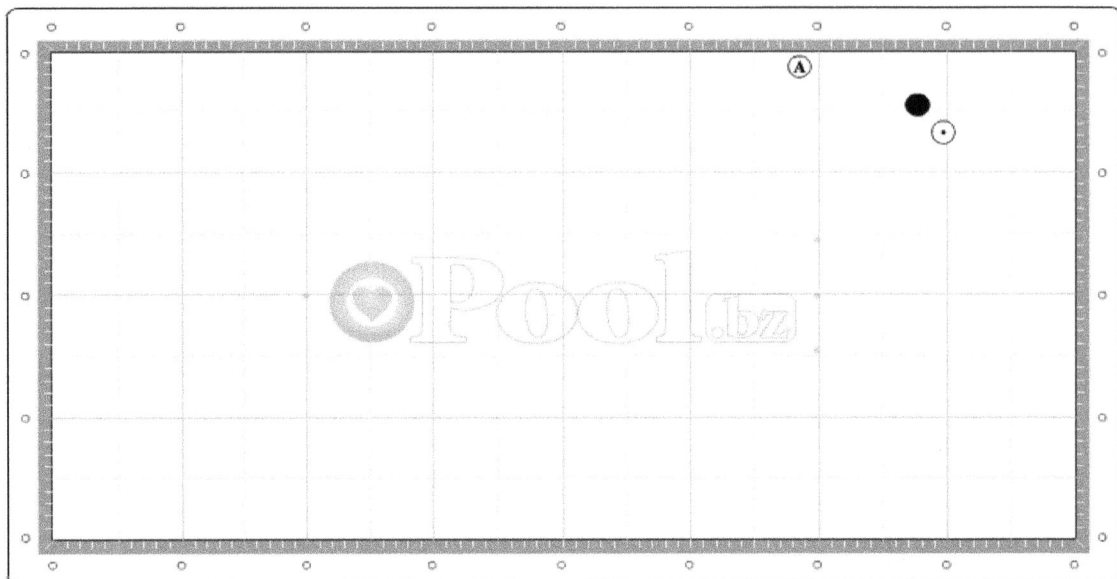

Notas e ideias:

Tiro padrão

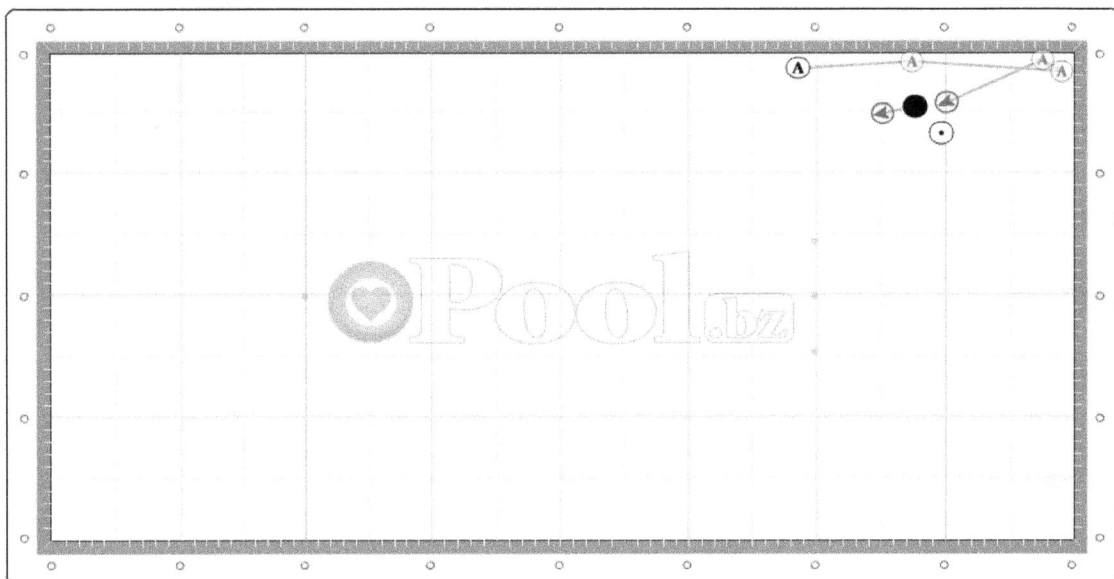

A:3d – Configuração

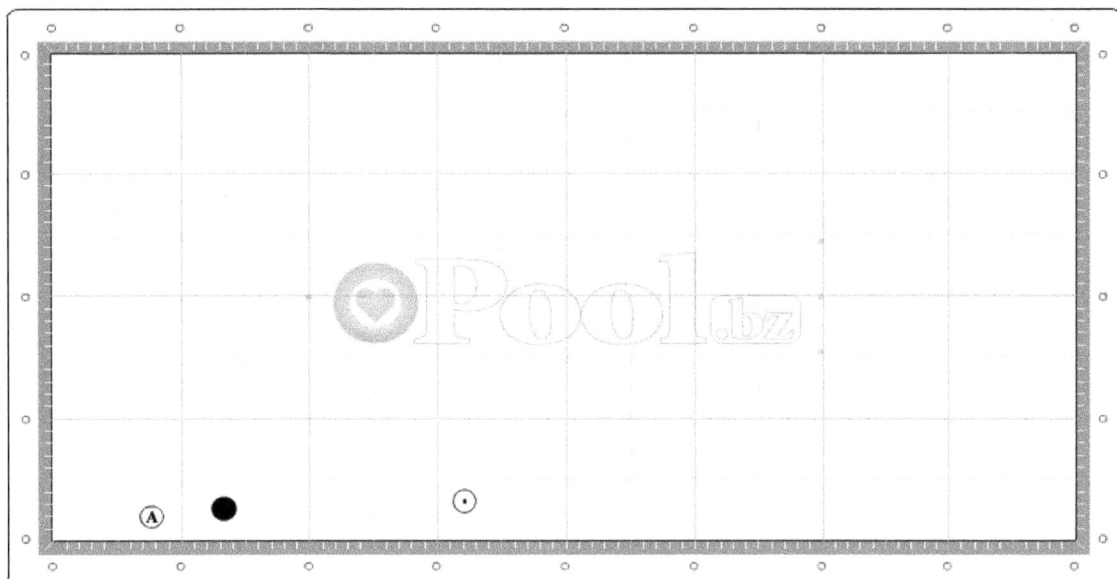

Notas e ideias:

Tiro padrão

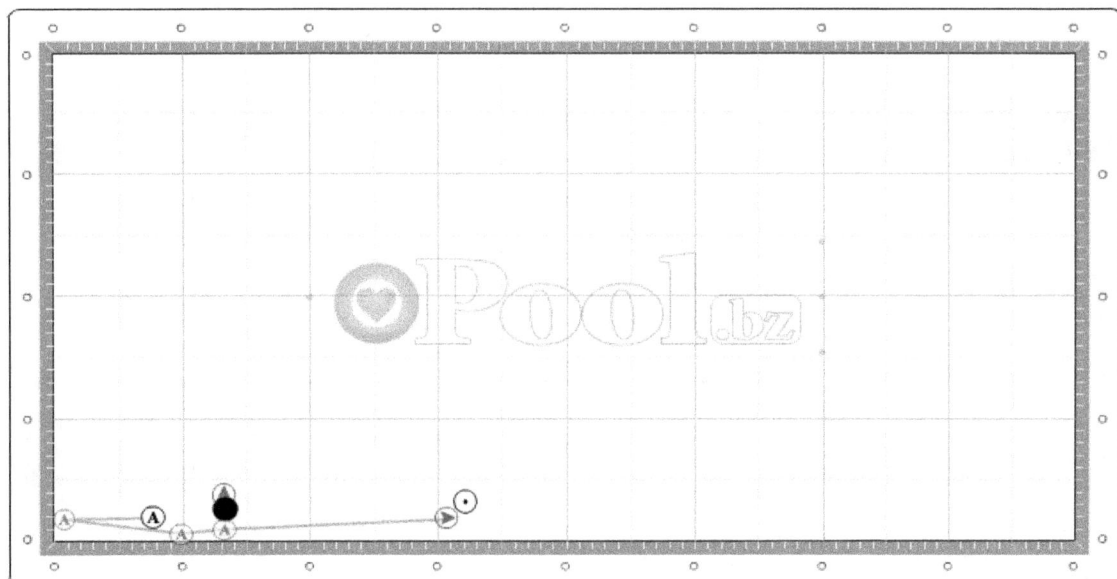

A: Grupo 4

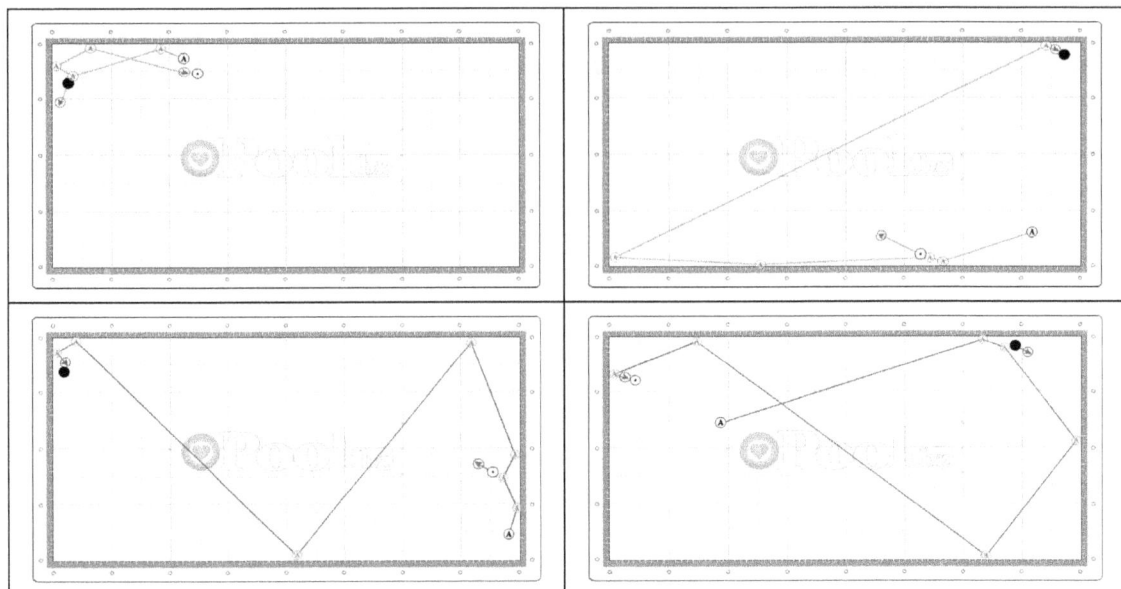

Análise:

A:4a. _____

A:4b. _____

A:4c. _____

A:4d. _____

A:4a – Configuração

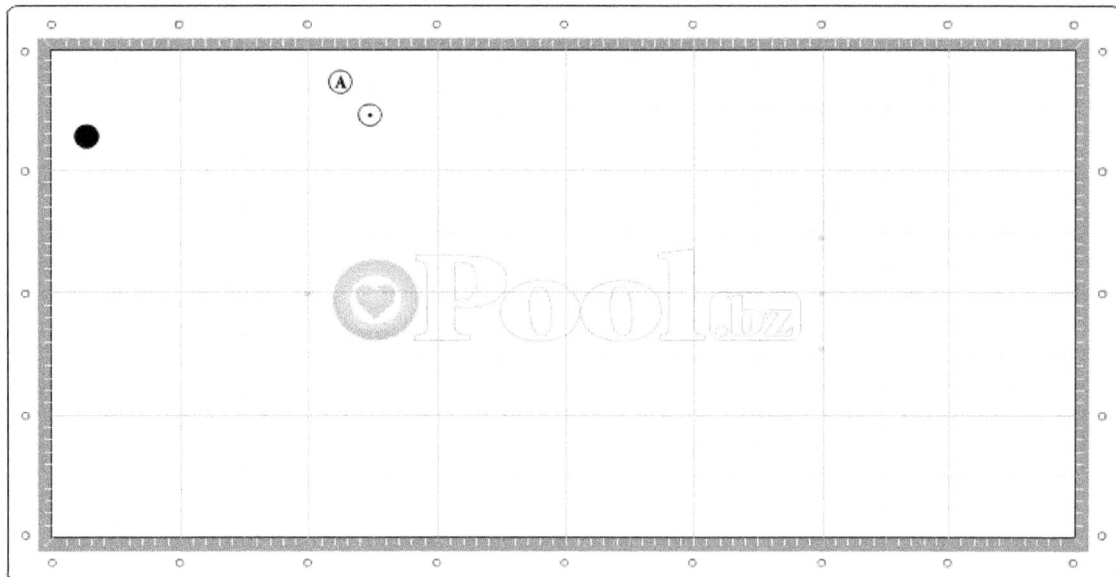

Notas e ideias:

Tiro padrão

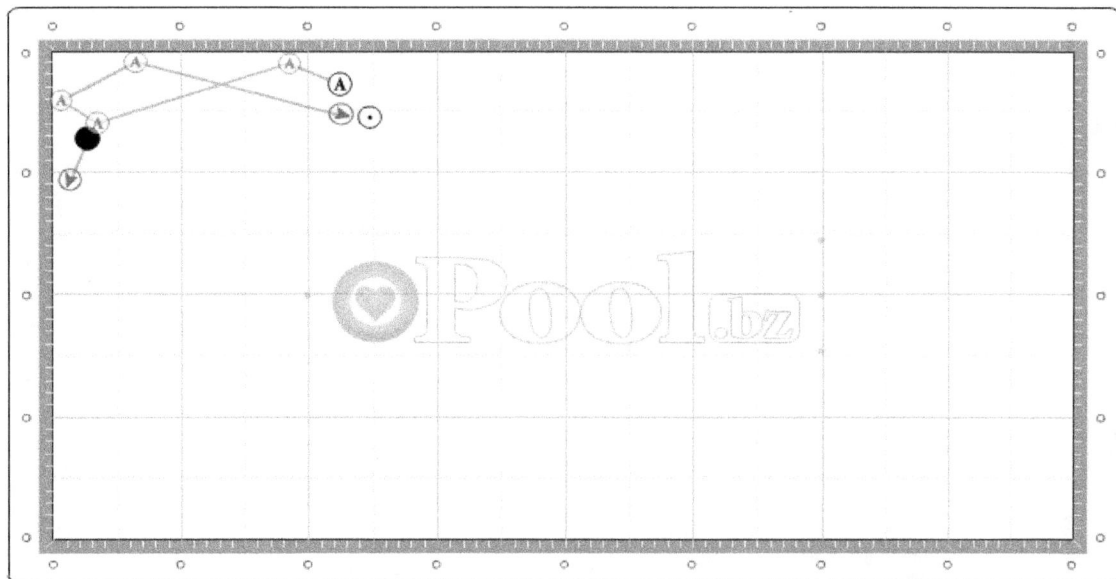

A:4b – Configuração

Notas e ideias:

Tiro padrão

A:4c – Configuração

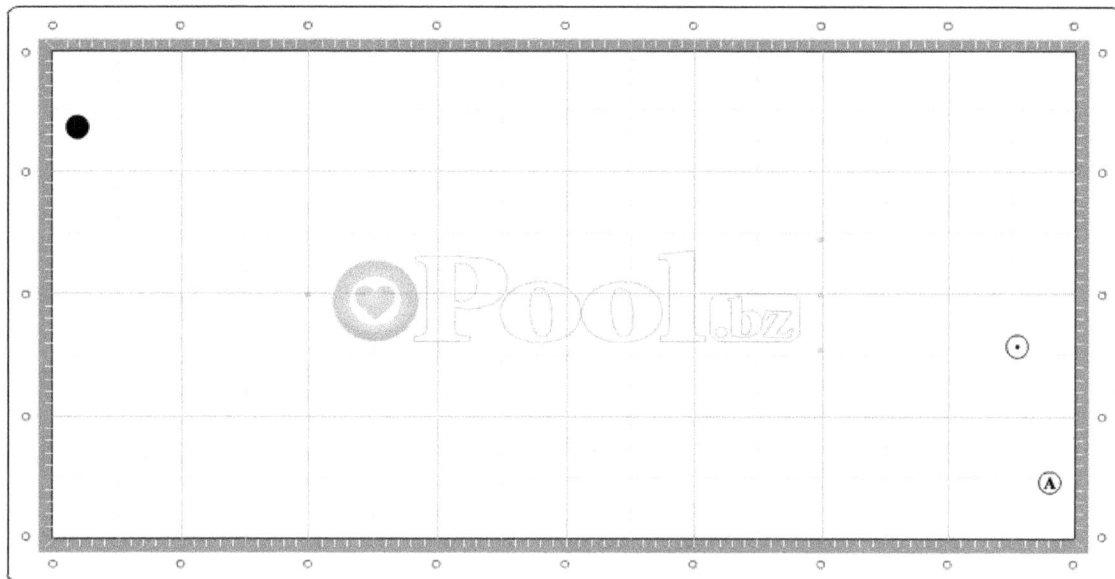

Notas e ideias:

Tiro padrão

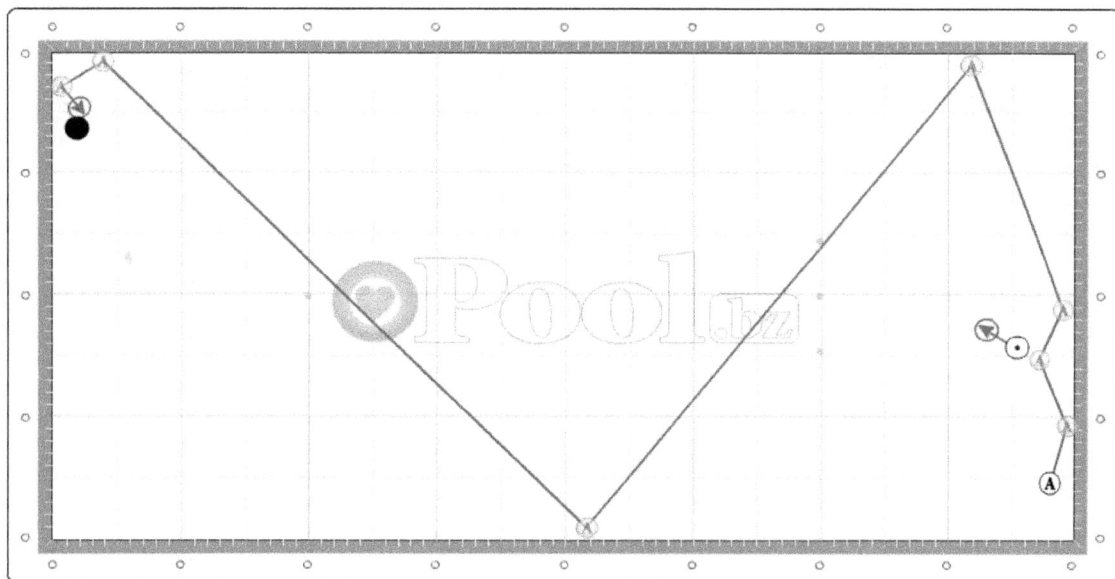

A:4d – Configuração

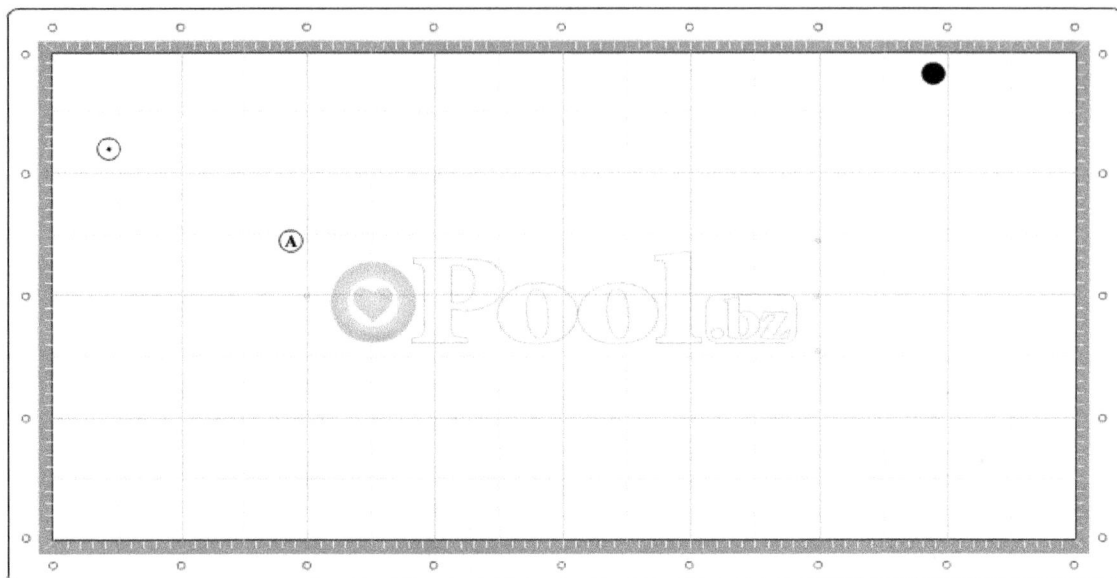

Notas e ideias:

Tiro padrão

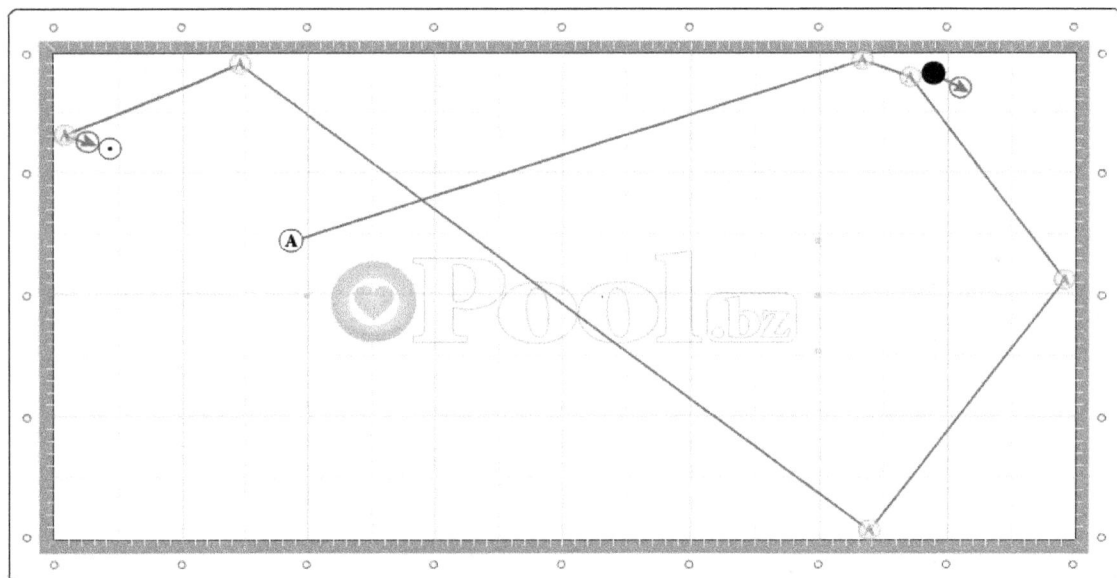

B: Acima e abaixo do lado

O (CB) usa spin lateral para fazer todos os contatos de amortecimento ao longo de uma tabelas.

Ⓐ (CB) (sua bola de bilhar) - ⊙ (OB) (bola de bilhar oponente) - ● (RB) (bola de bilhar vermelha)

B: Grupo 1

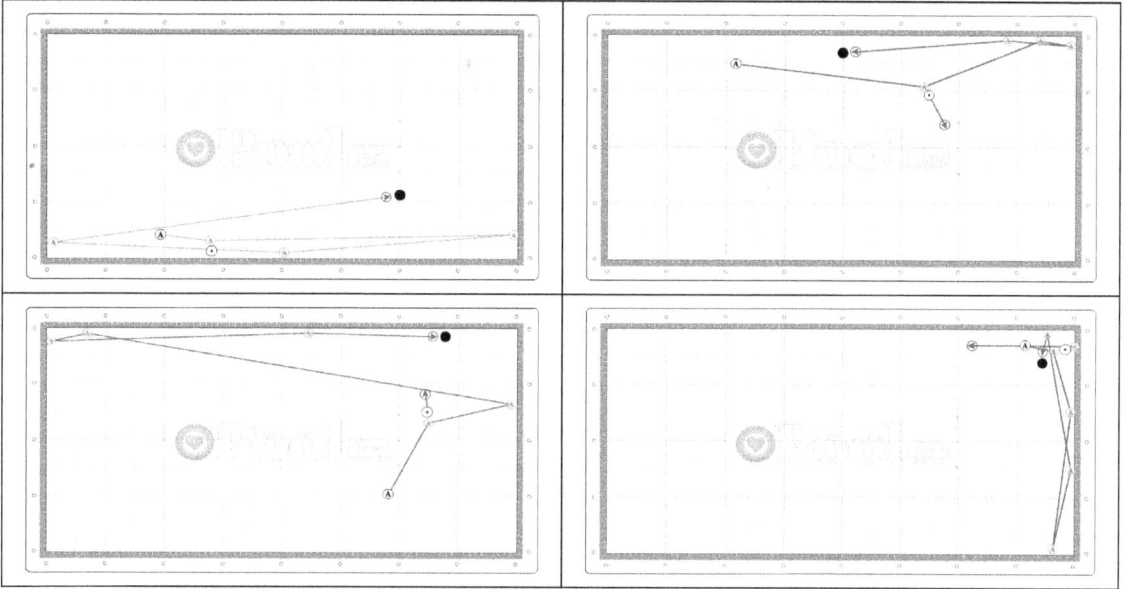

Análise:

B:1a. _____

B:1b. _____

B:1c. _____

B:1d. _____

B:1a – Configuração

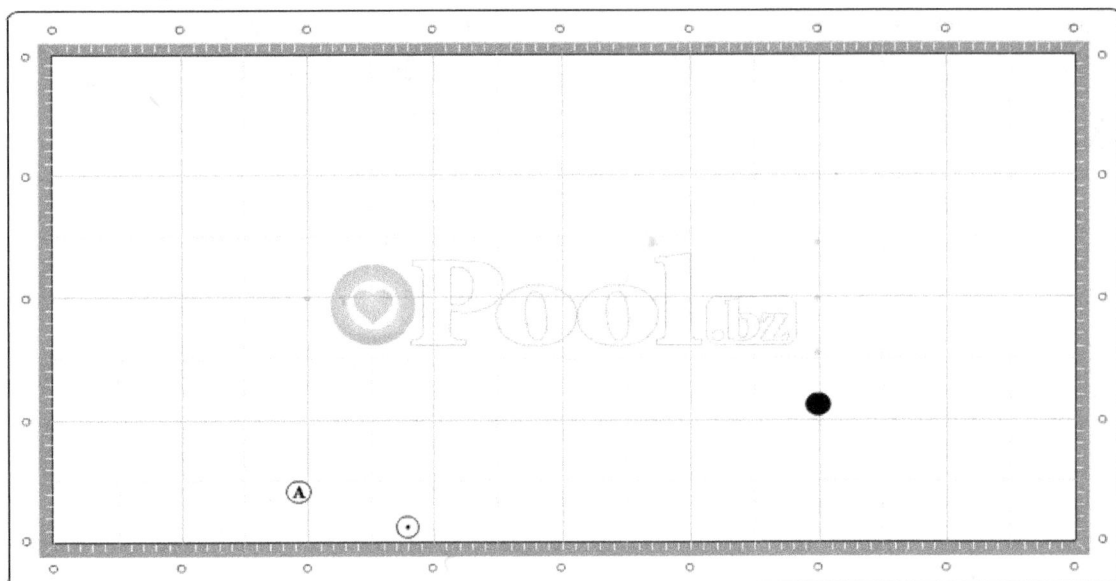

Notas e ideias:

Tiro padrão

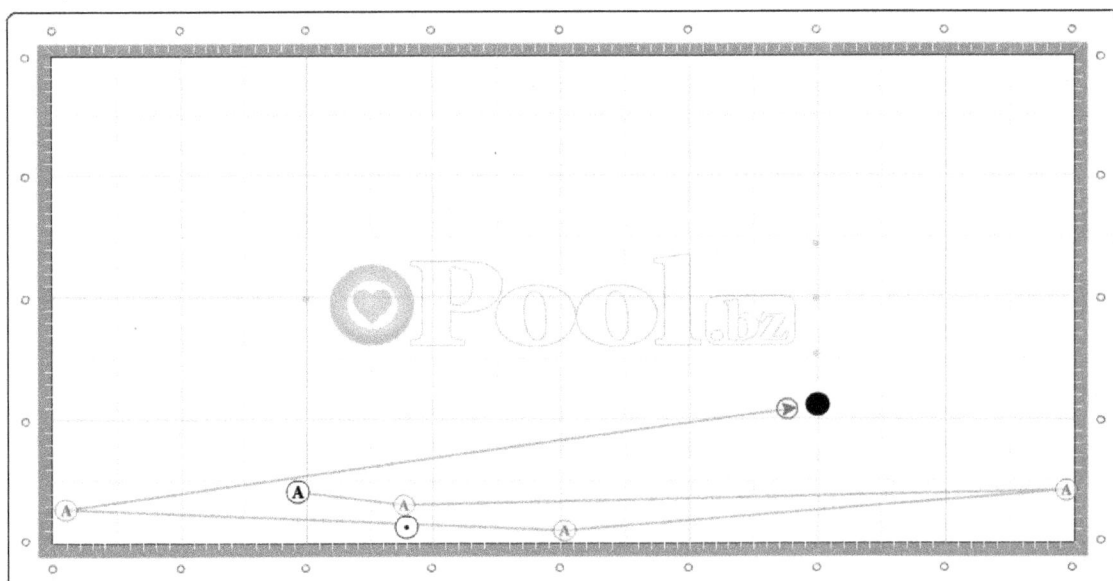

B:1b – Configuração

Notas e ideias:

Tiro padrão

B:1c – Configuração

Notas e ideias:

Tiro padrão

B:1d – Configuração

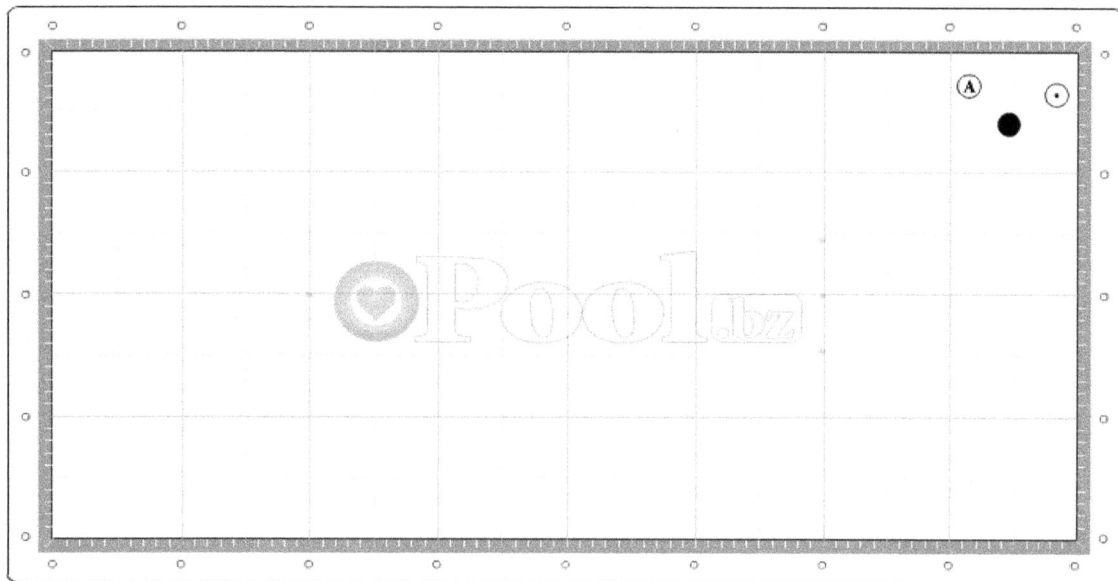

Notas e ideias:

Tiro padrão

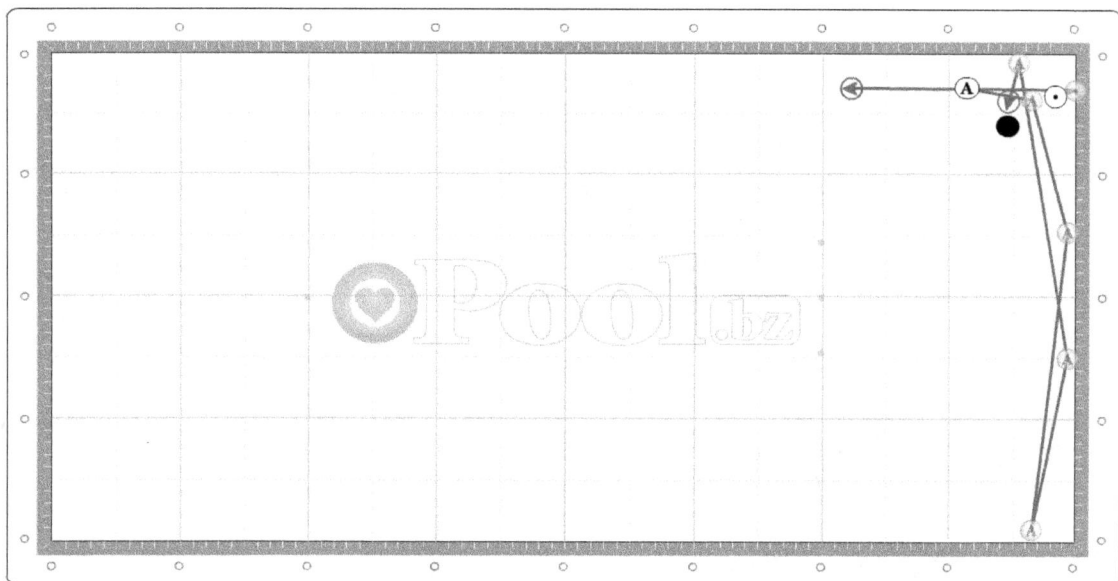

B: Grupo 2

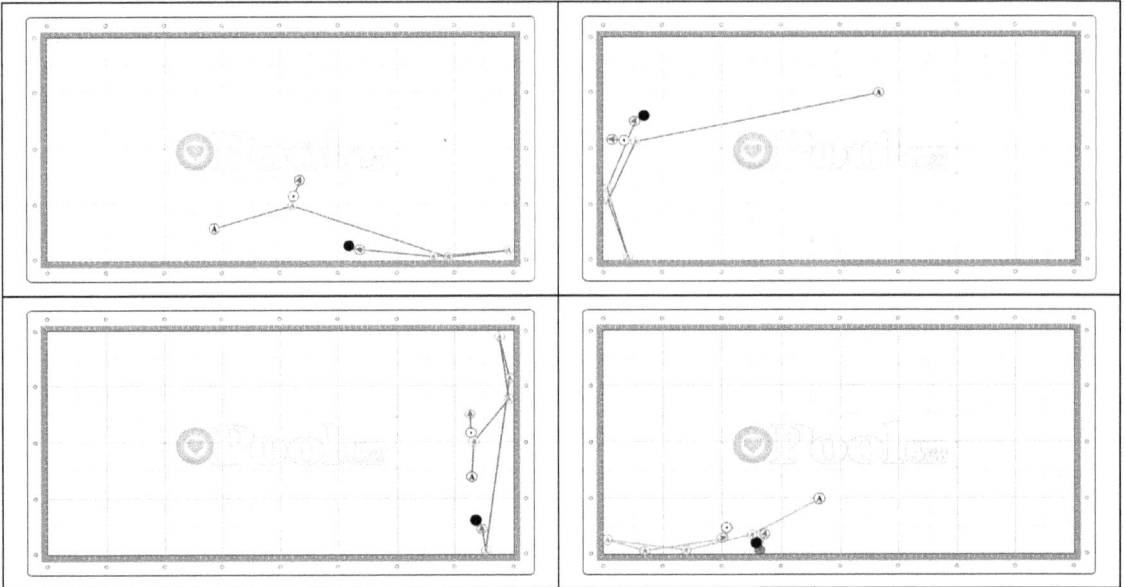

Análise:

A:1a. _____

A:1b. _____

A:1c. _____

A:1d. _____

B:2a – Configuração

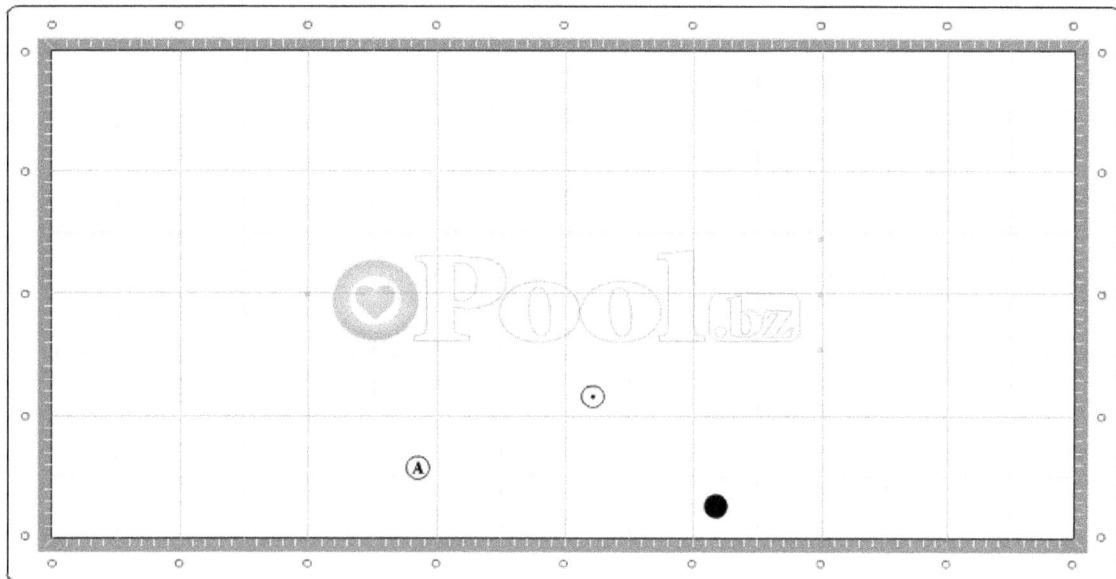

Notas e ideias:

Tiro padrão

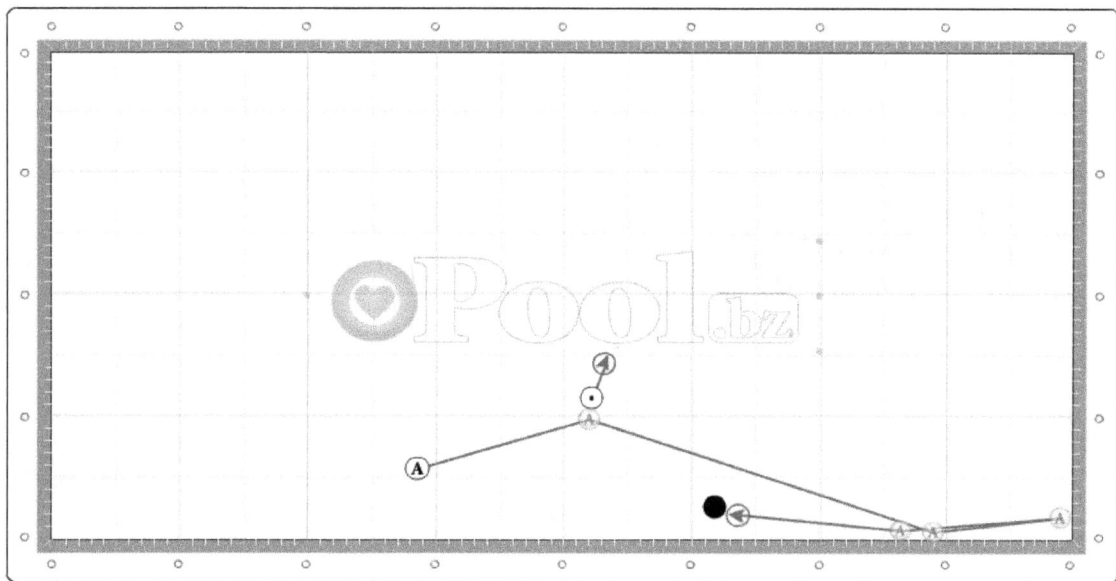

B:2b – Configuração

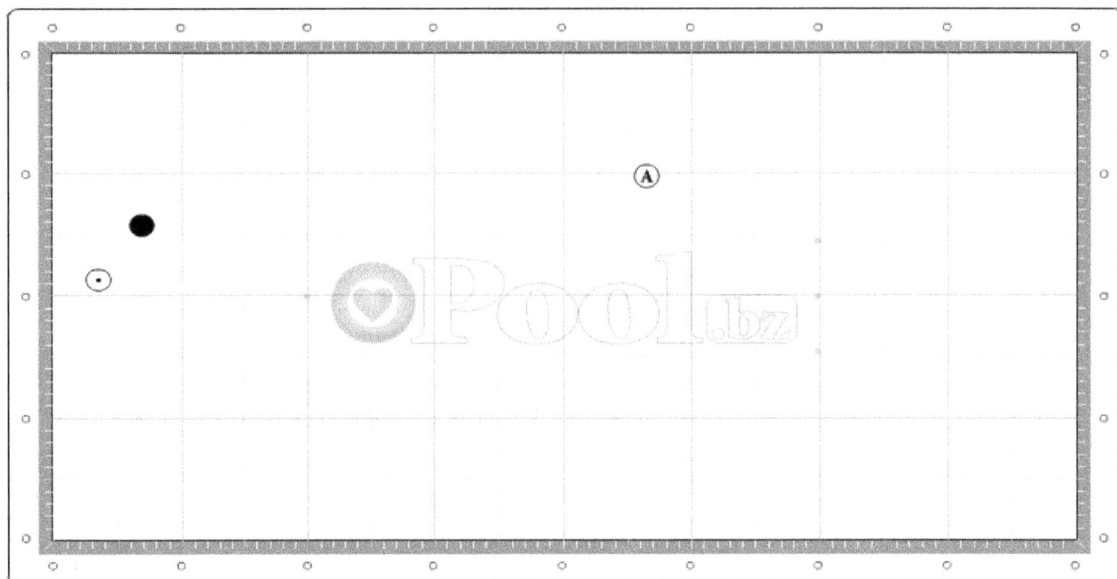

Notas e ideias:

Tiro padrão

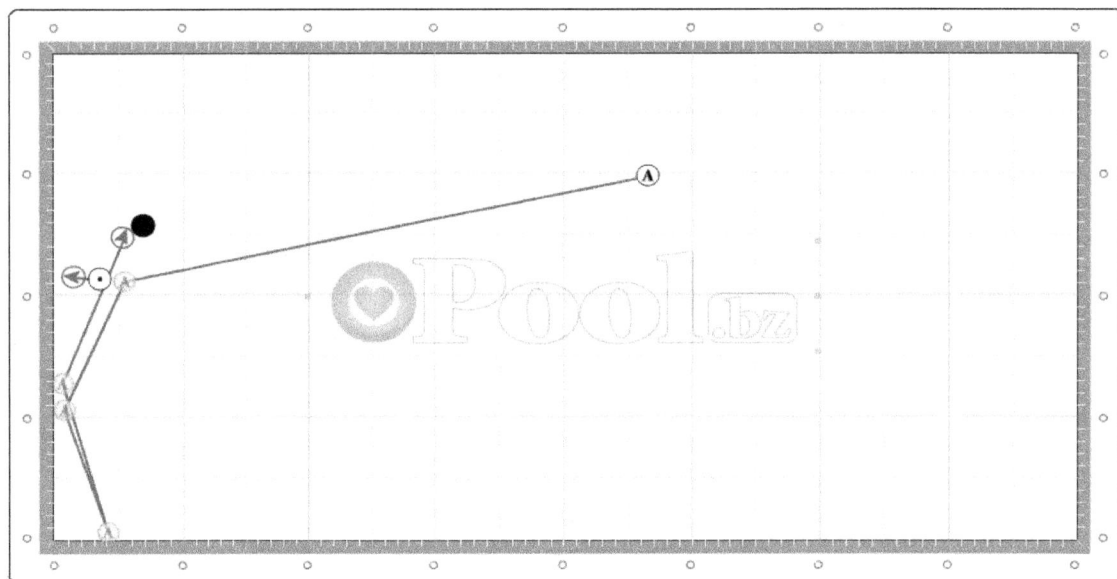

B:2c – Configuração

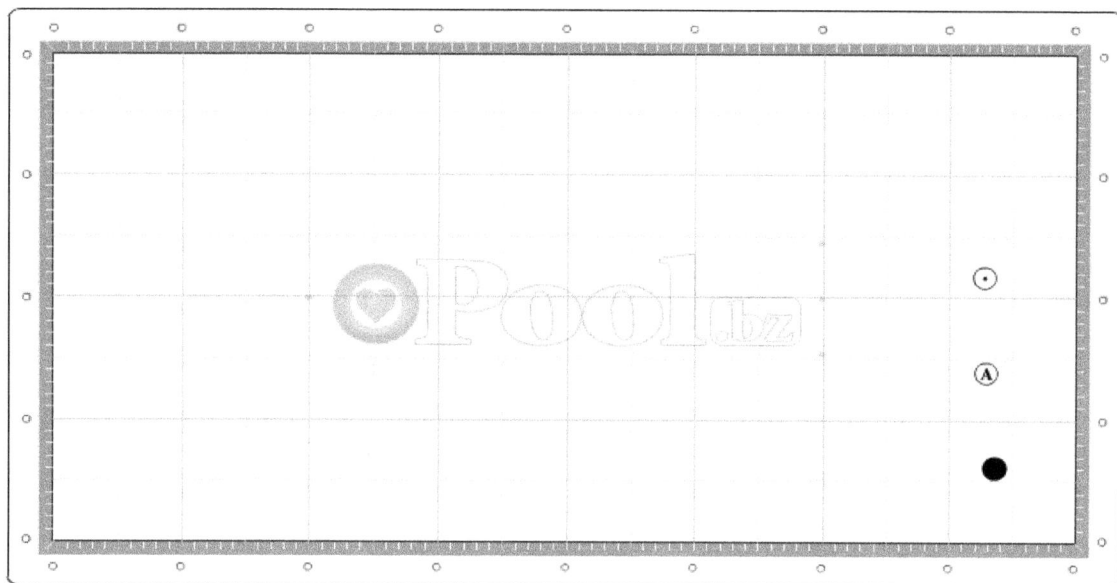

Notas e ideias:

Tiro padrão

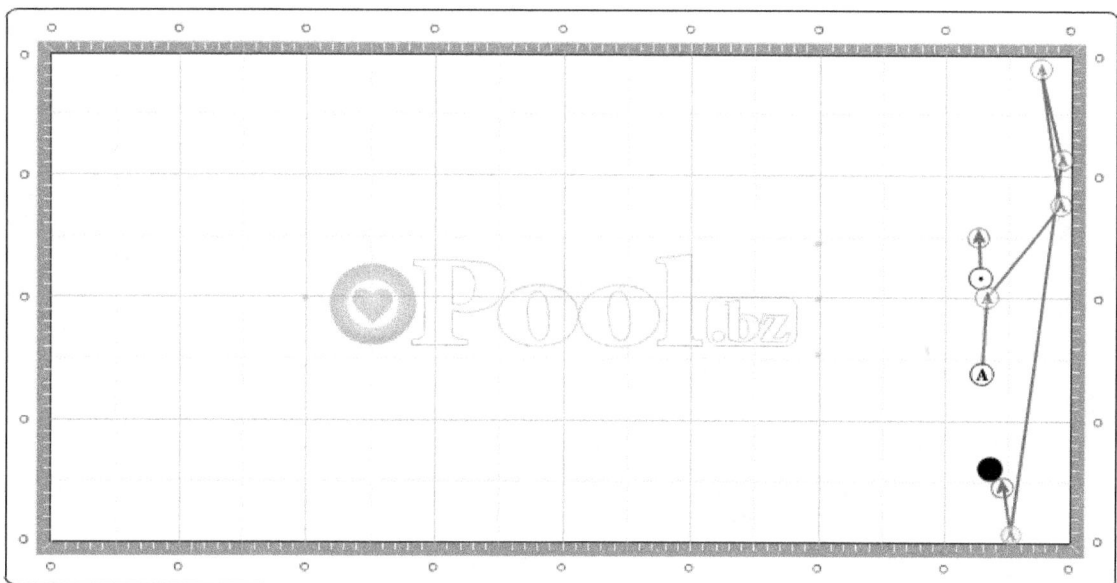

B:2d – Configuração

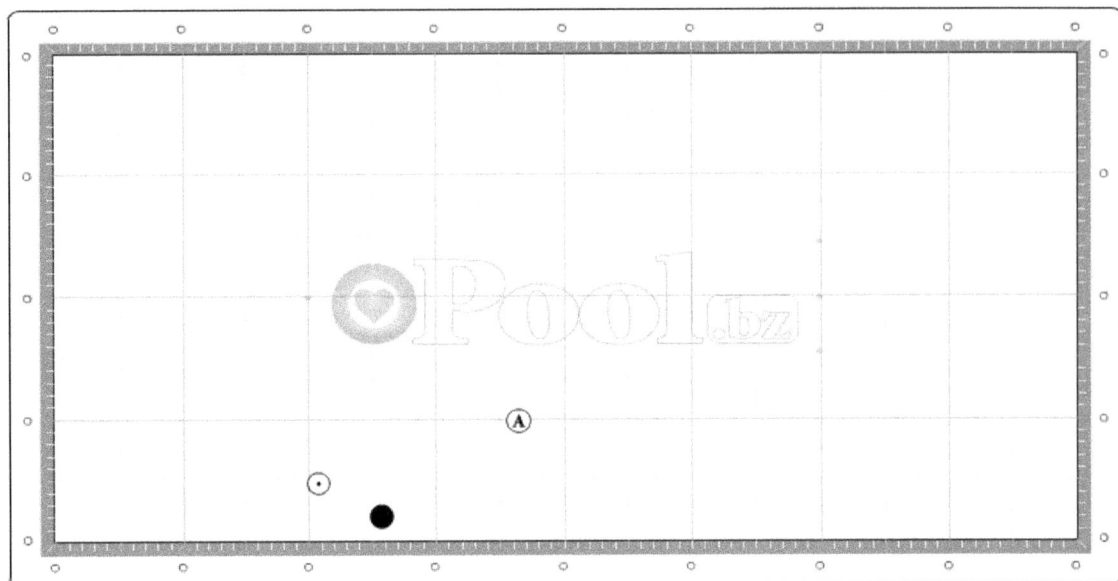

Notas e ideias:

Tiro padrão

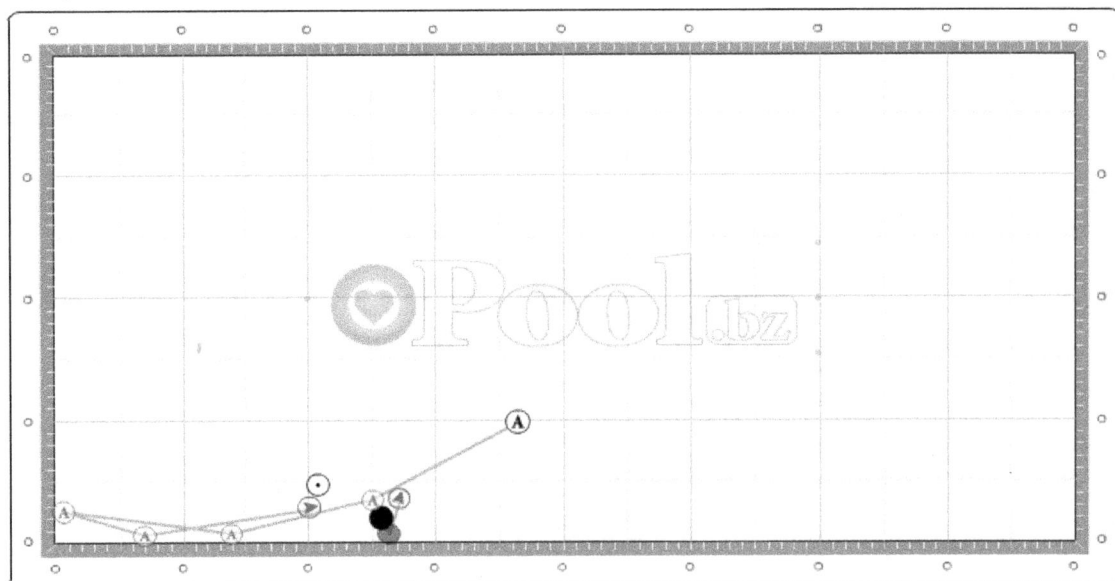

B: Grupo 3

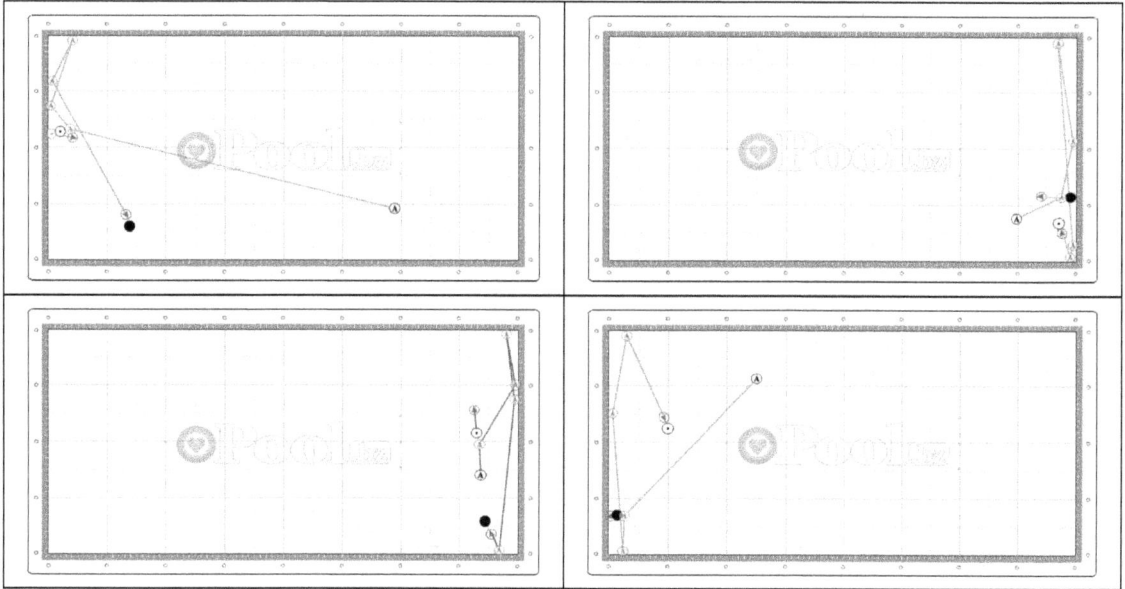

Análise:

B:3a. _____

B:3b. _____

B:3c. _____

B:3d. _____

B:3a – Configuração

Notas e ideias:

Tiro padrão

B:3b – Configuração

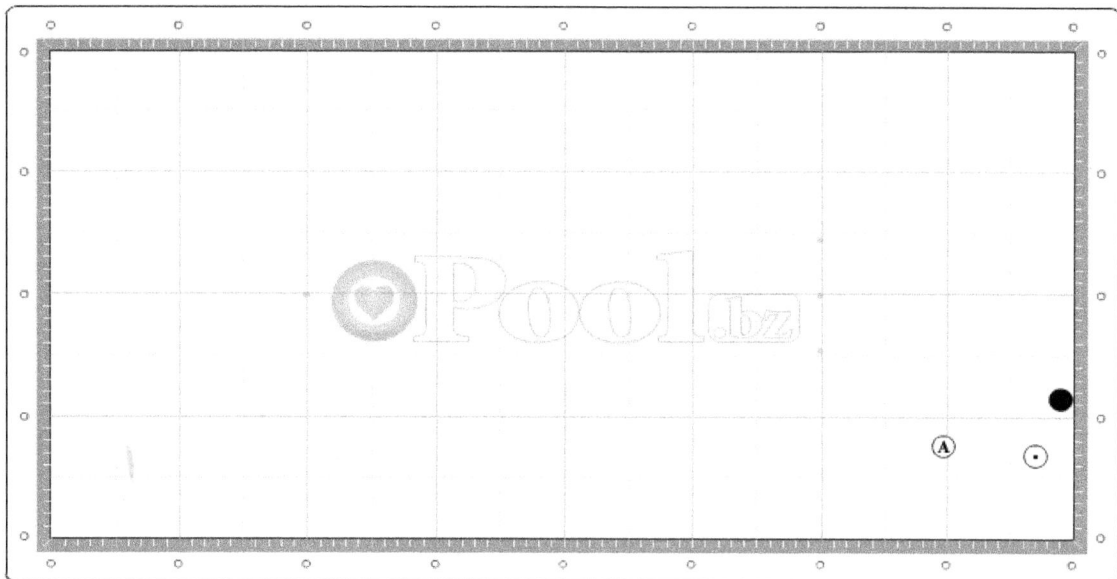

Notas e ideias:

Tiro padrão

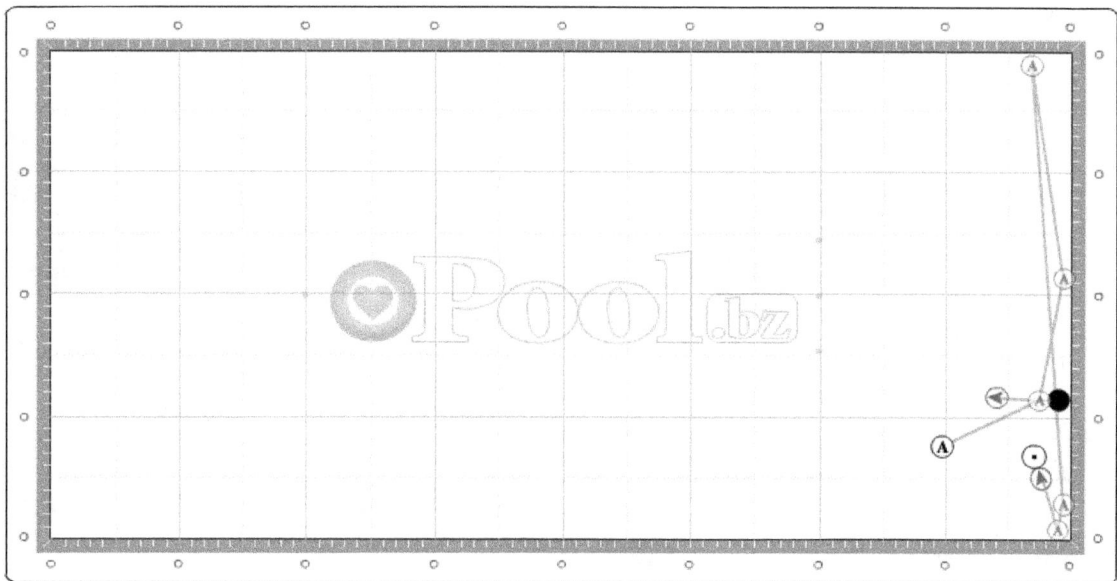

B:3c – Configuração

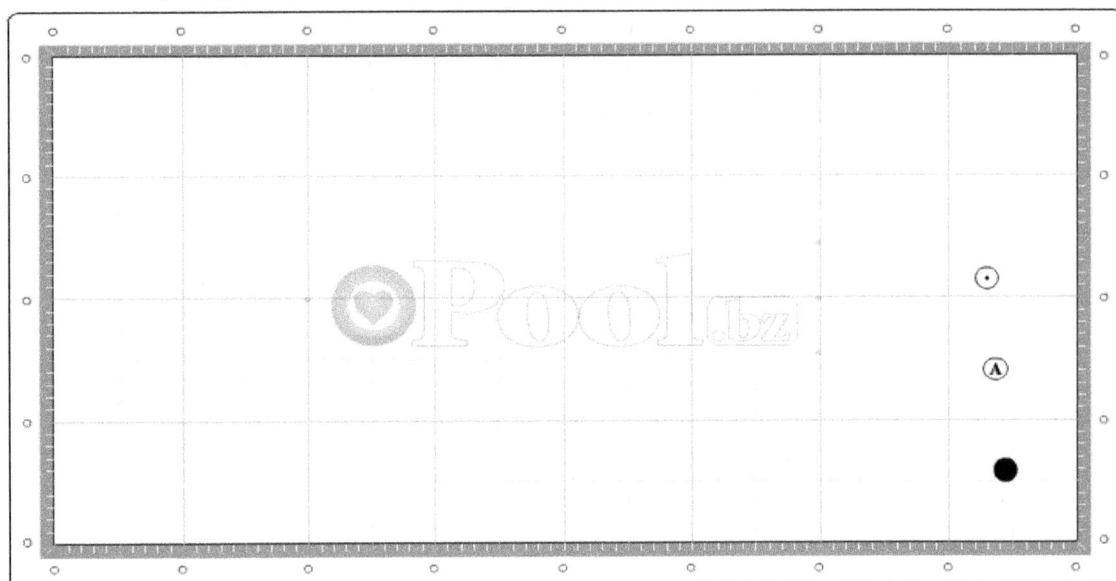

Notas e ideias:

Tiro padrão

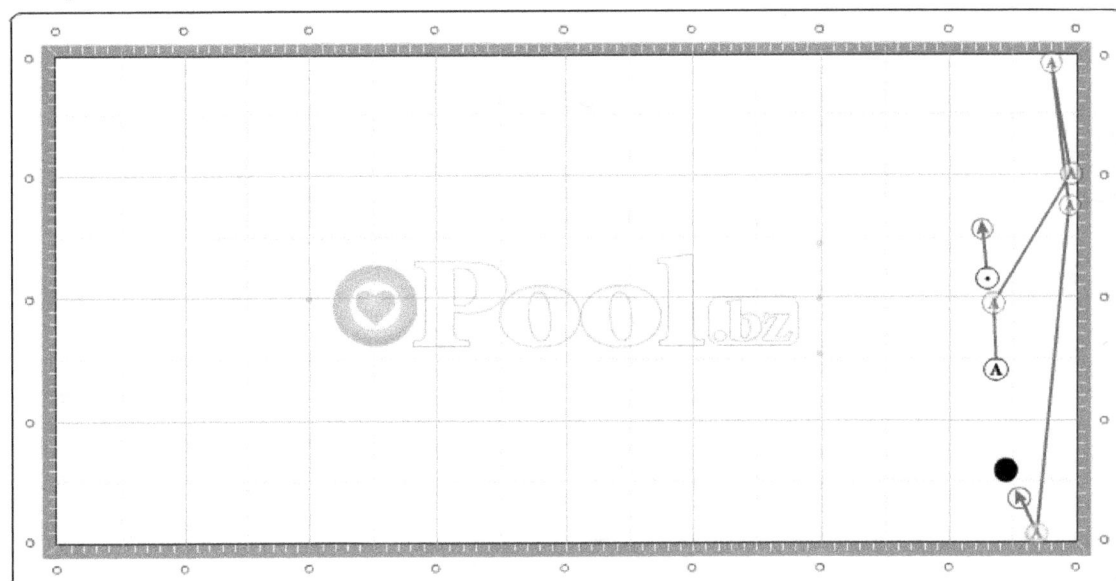

B:3d – Configuração

Notas e ideias:

Tiro padrão

B: Grupo 4

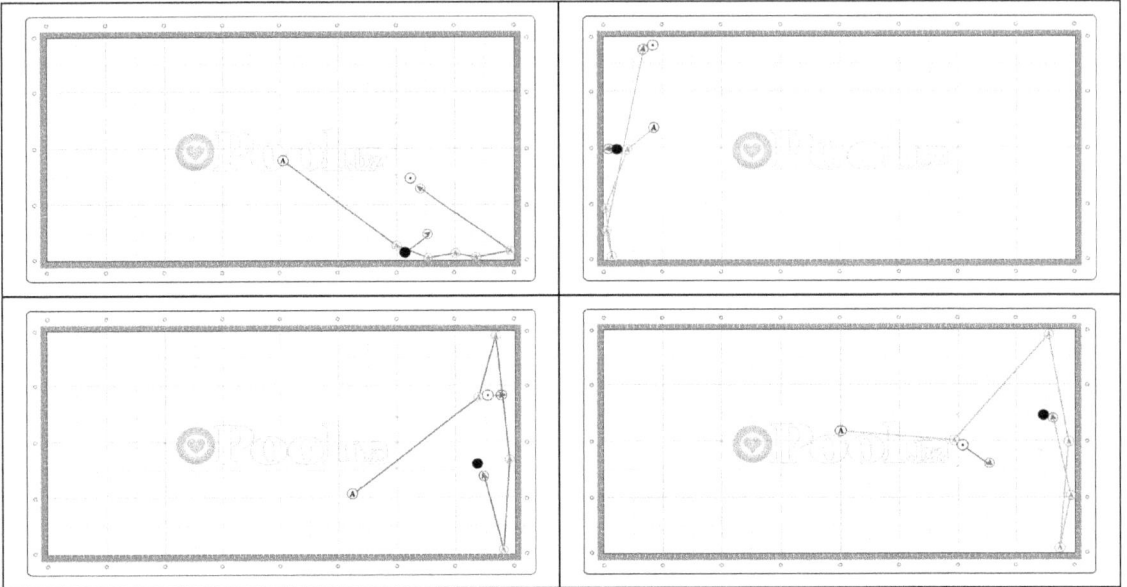

Análise:

B:4a. _____

B:4b. _____

B:4c. _____

B:4d. _____

B:4a – Configuração

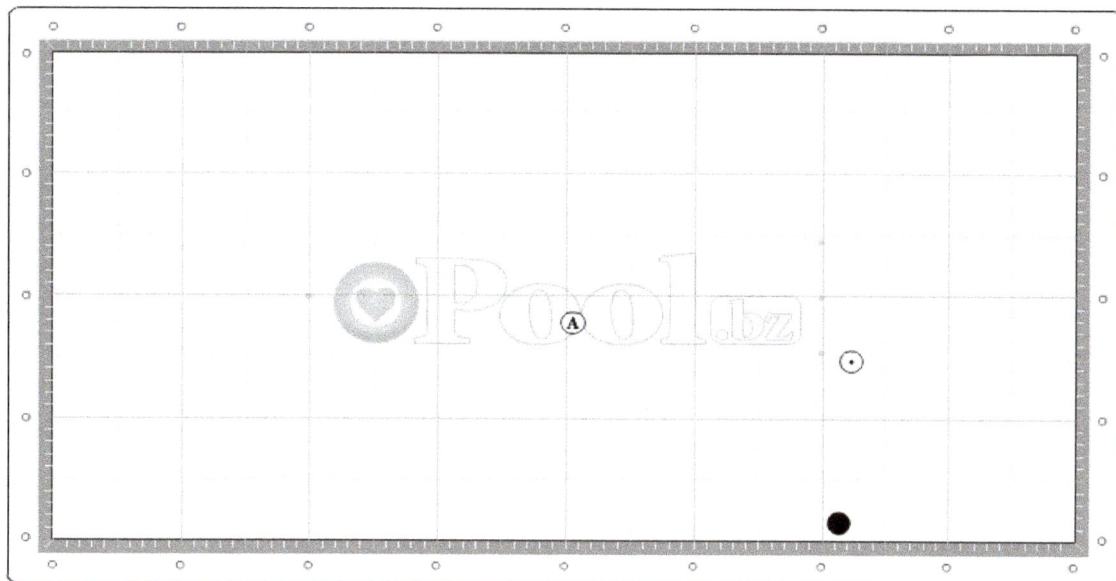

Notas e ideias:

Tiro padrão

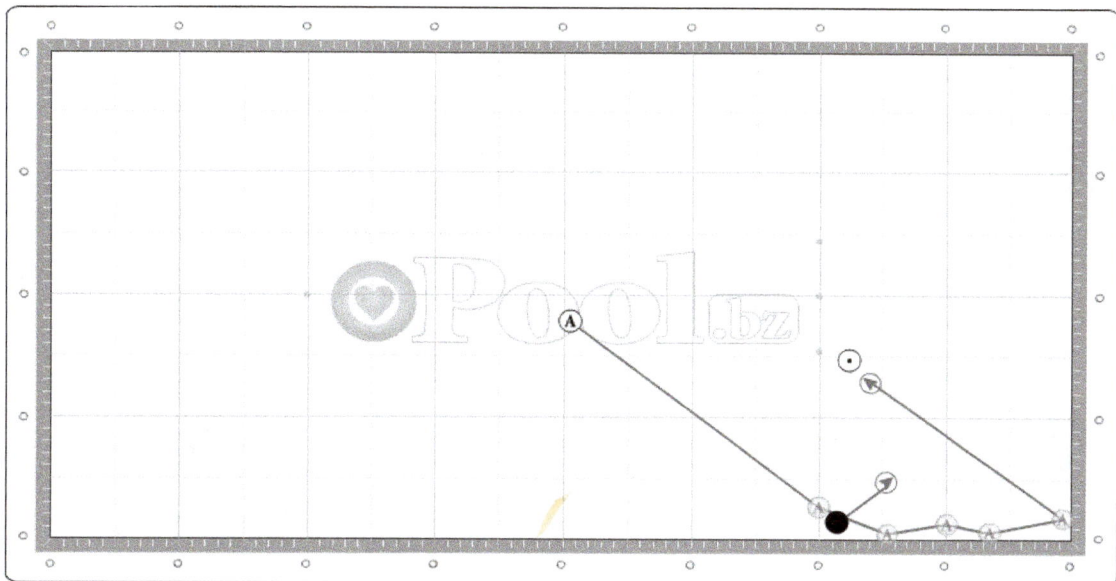

B:4b – Configuração

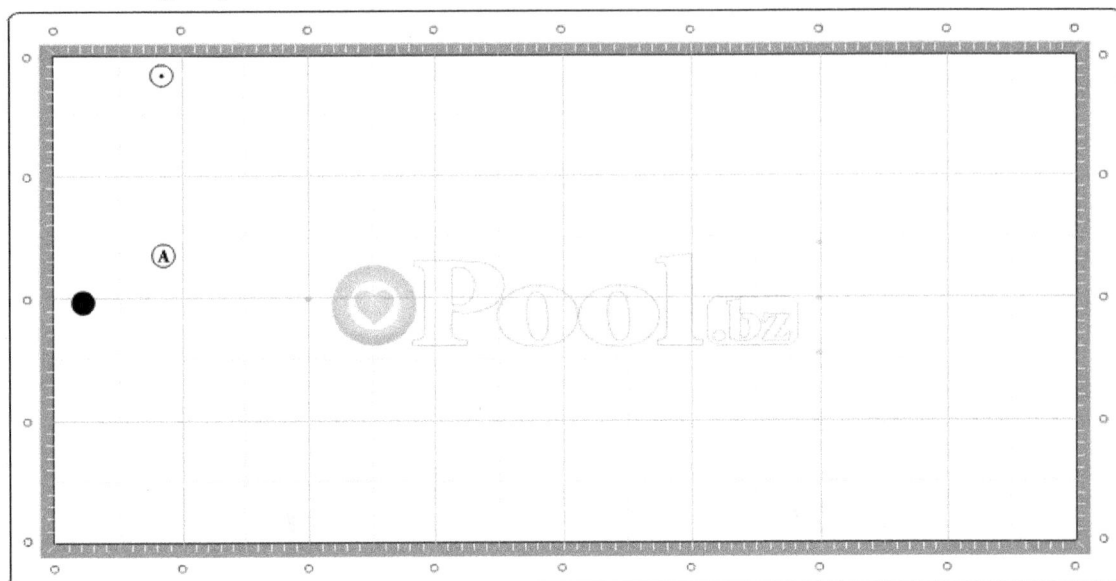

Notas e ideias:

Tiro padrão

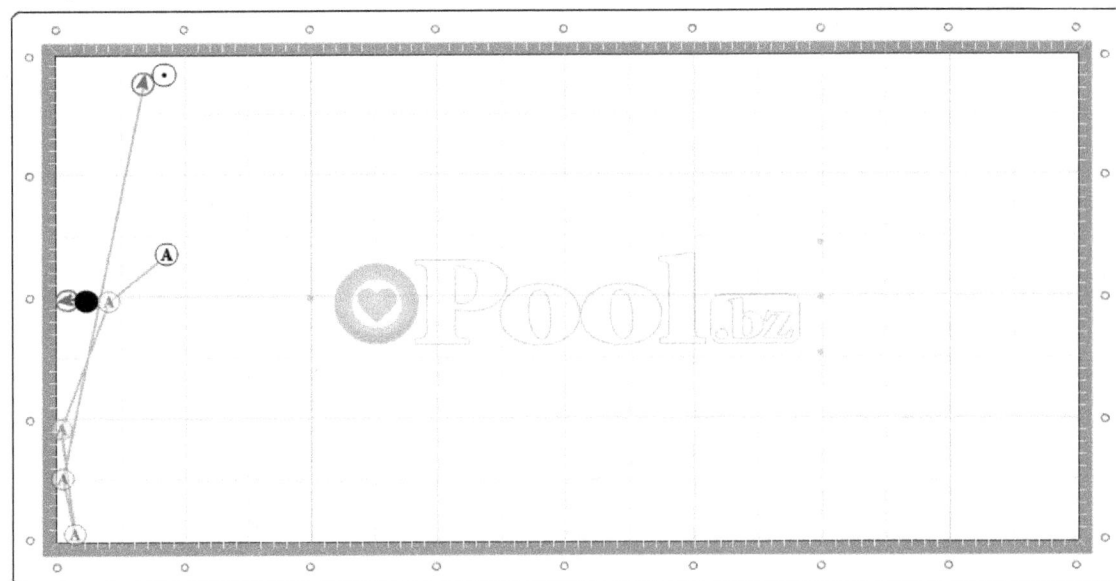

B:4c – Configuração

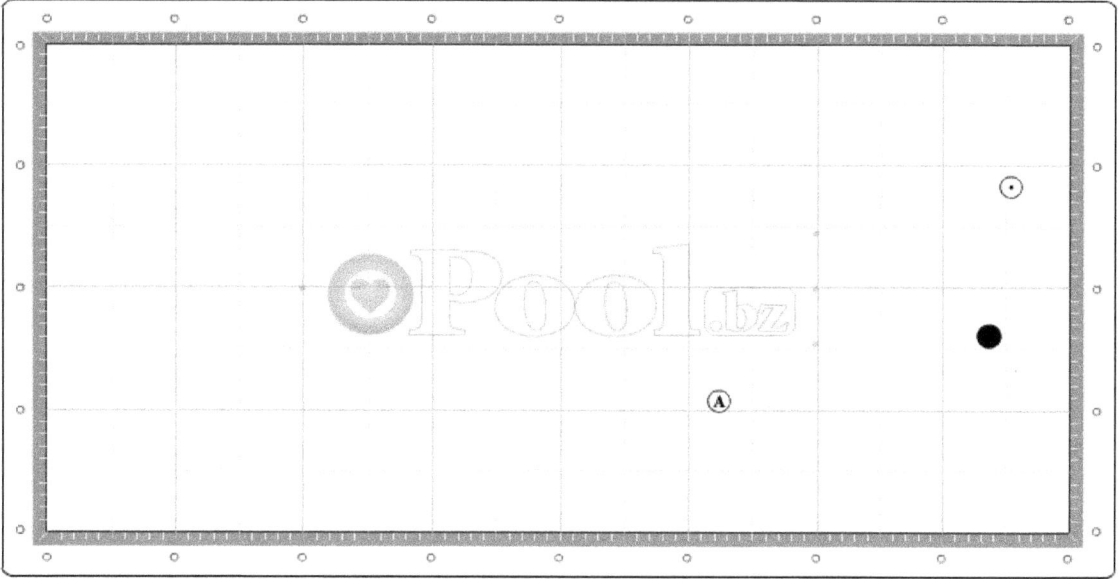

Notas e ideias:

Tiro padrão

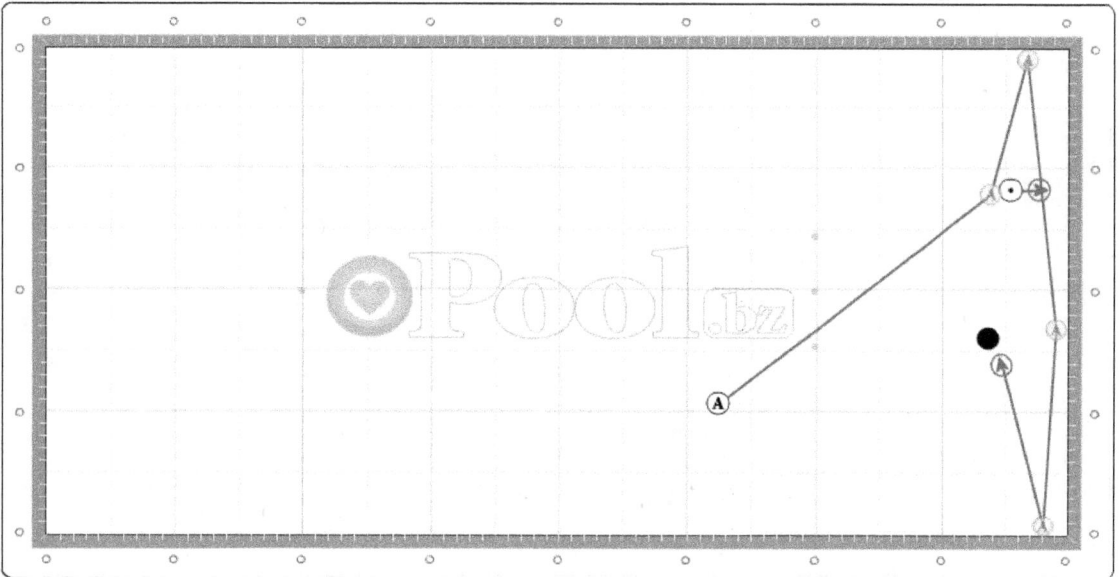

B:4d – Configuração

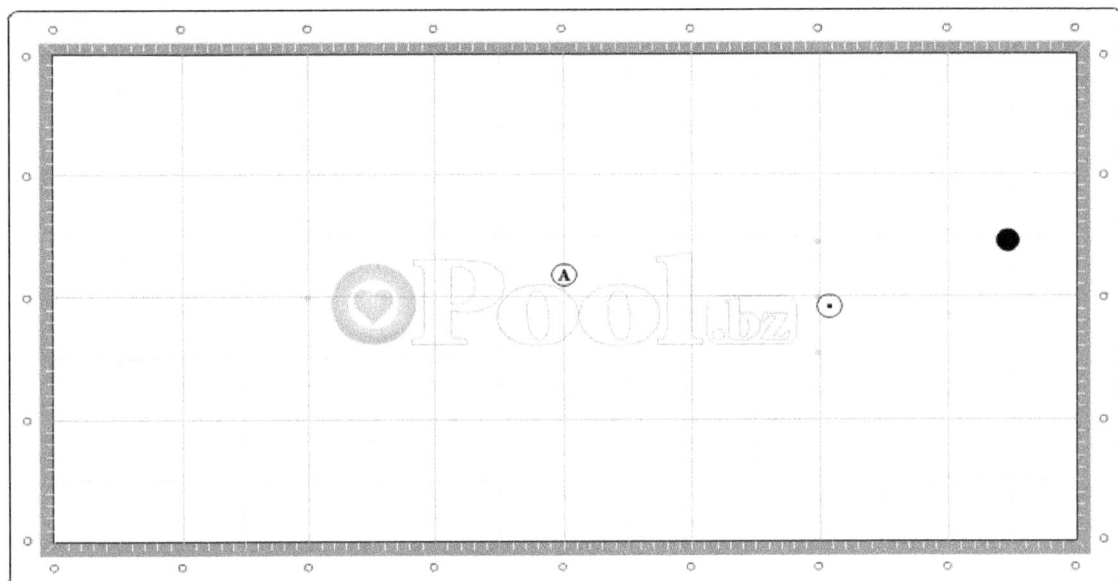

Notas e ideias:

Tiro padrão

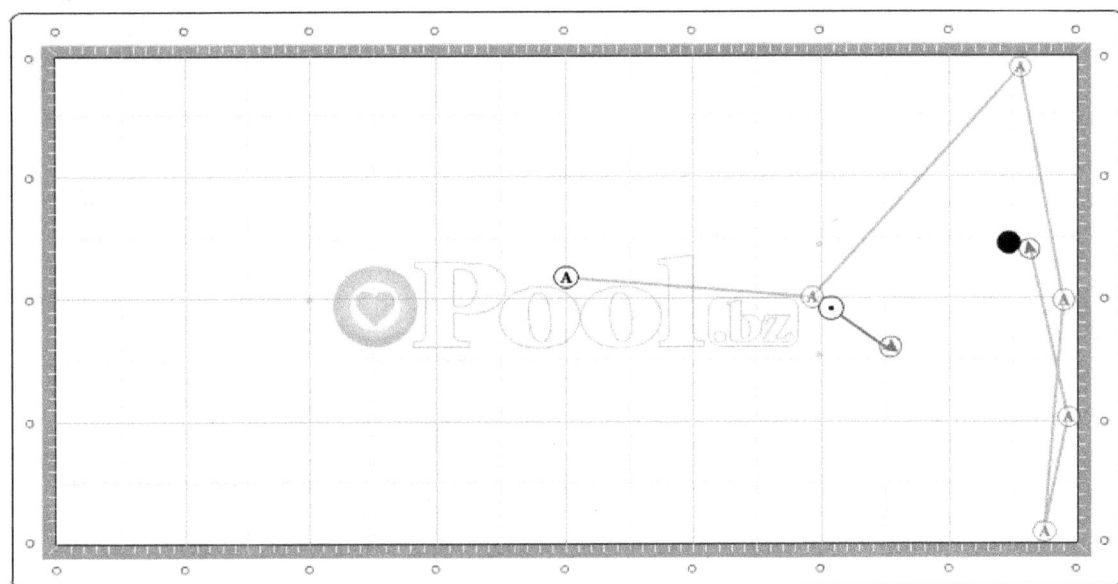

C: Zigging e zagging

O (CB) tem que viajar para frente e para trás, lado a lado, muitas vezes. Estes são muito divertidos de experimentar.

Ⓐ (CB) (sua bola de bilhar) - ⊙ (OB) (bola de bilhar oponente) - ⬤ (RB) (bola de bilhar vermelha)

C: Grupo 1

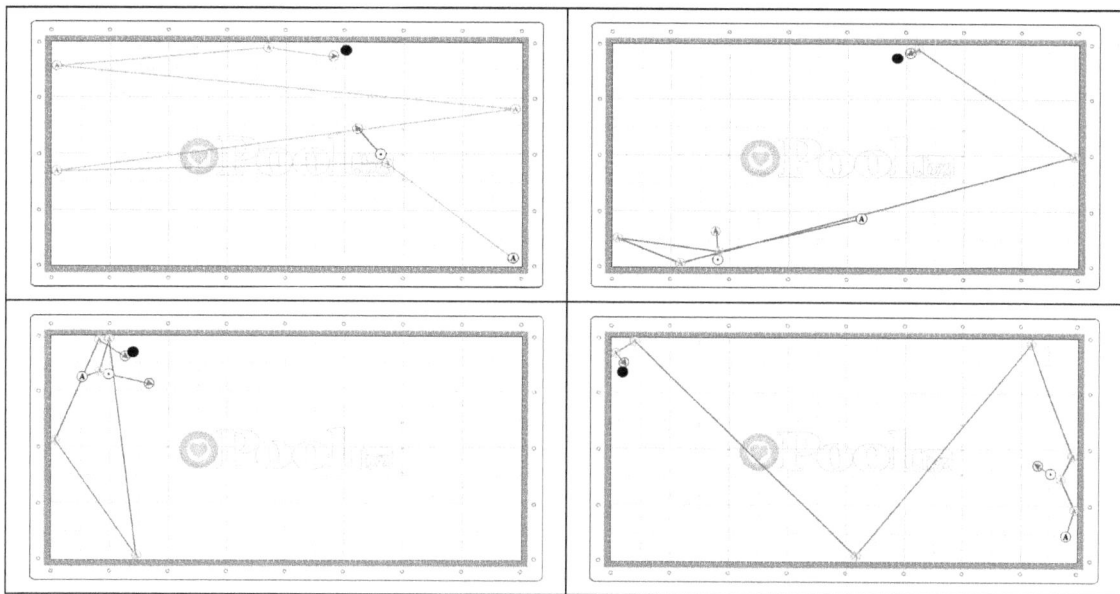

Análise:

C:1a. _____

C:1b. _____

C:1c. _____

C:1d. _____

C:1a – Configuração

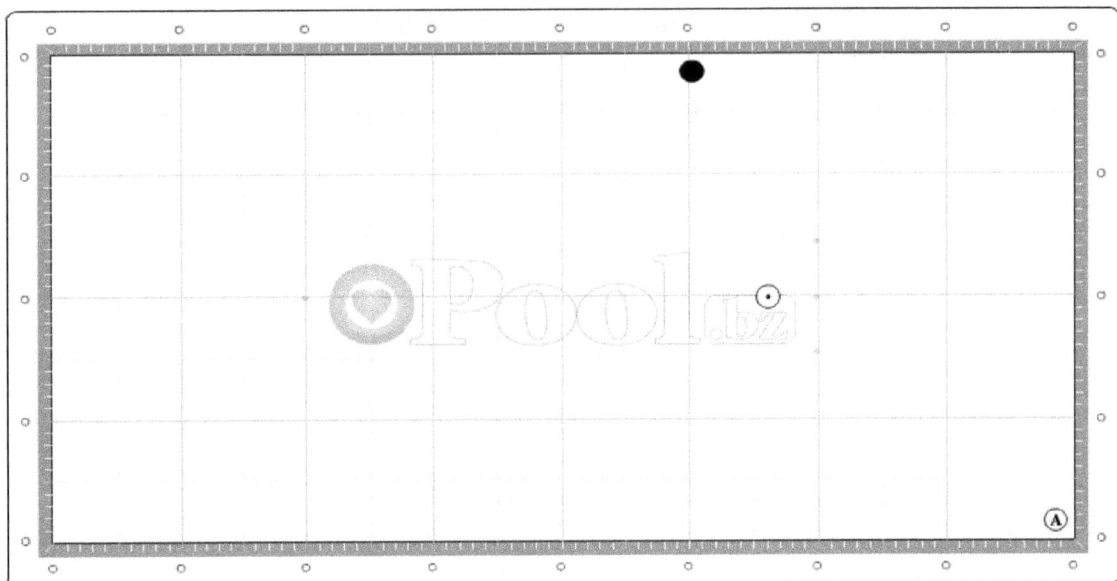

Notas e ideias:

Tiro padrão

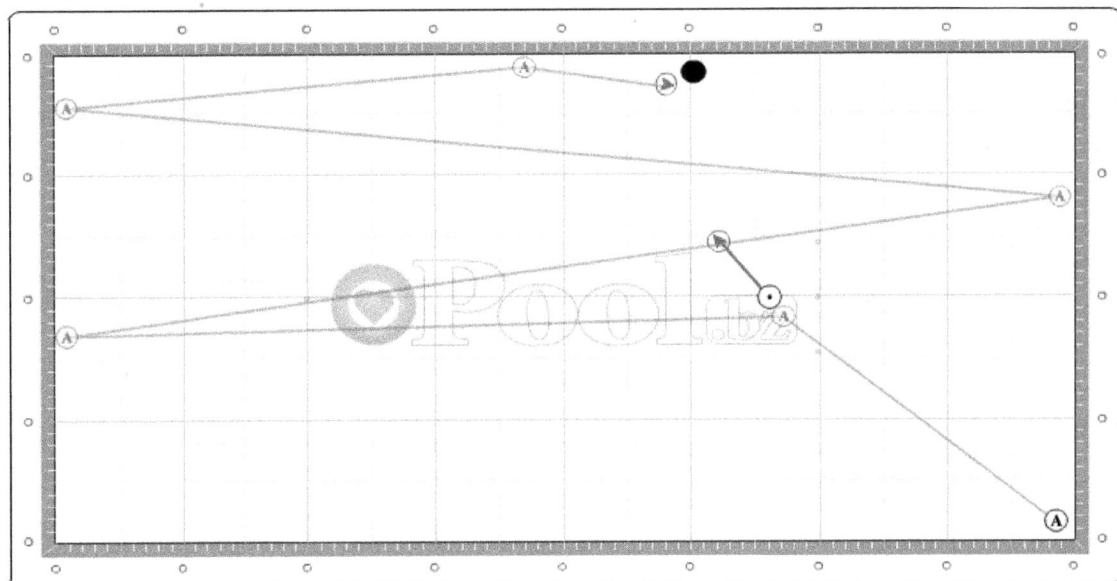

C:1b – Configuração

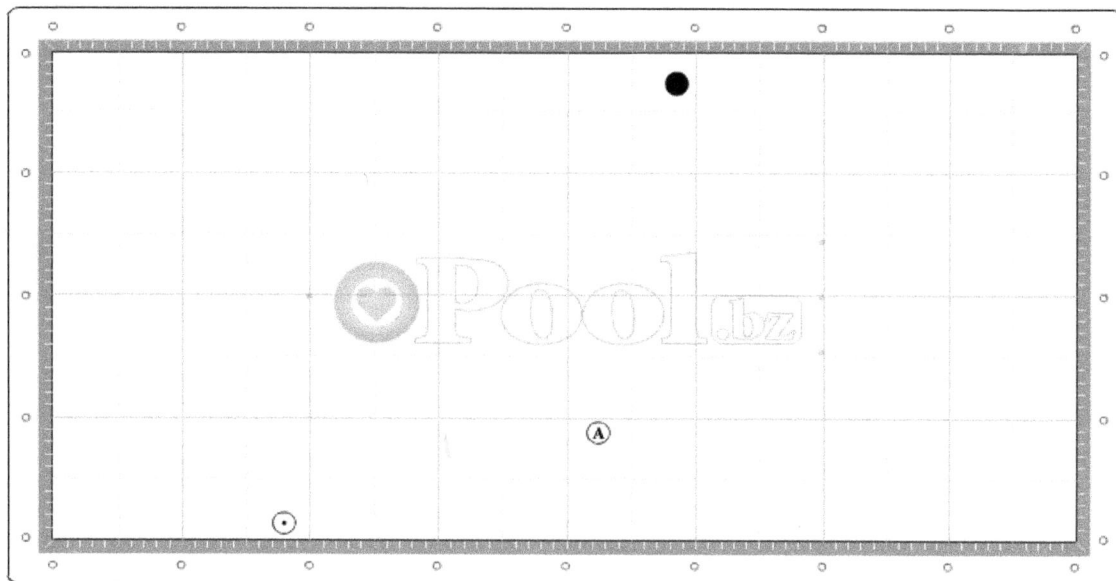

Notas e ideias:

Tiro padrão

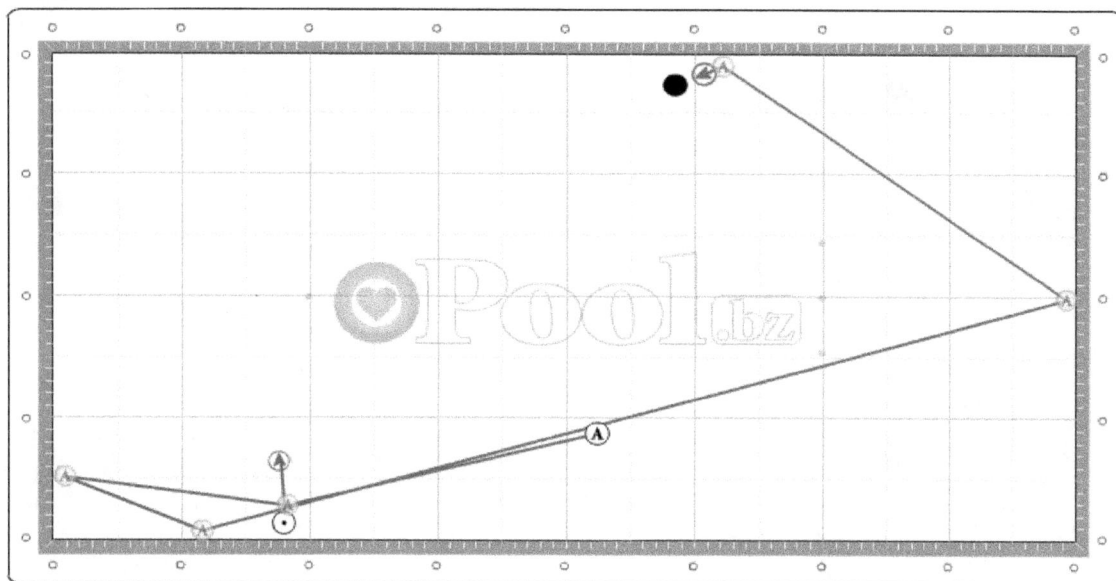

C:1c – Configuração

Notas e ideias:

Tiro padrão

C:1d – Configuração

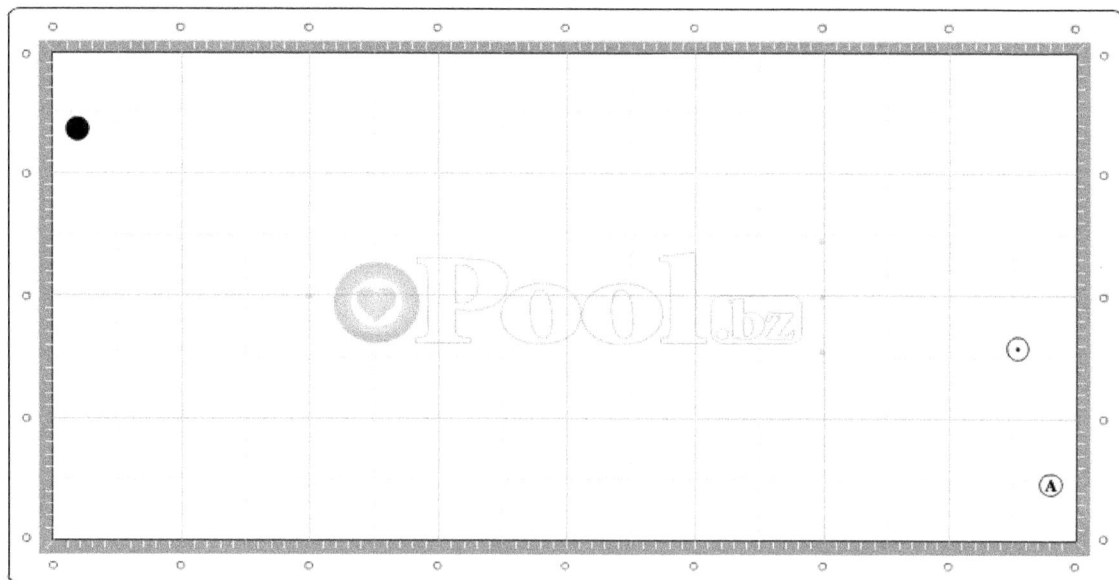

Notas e ideias:

Tiro padrão

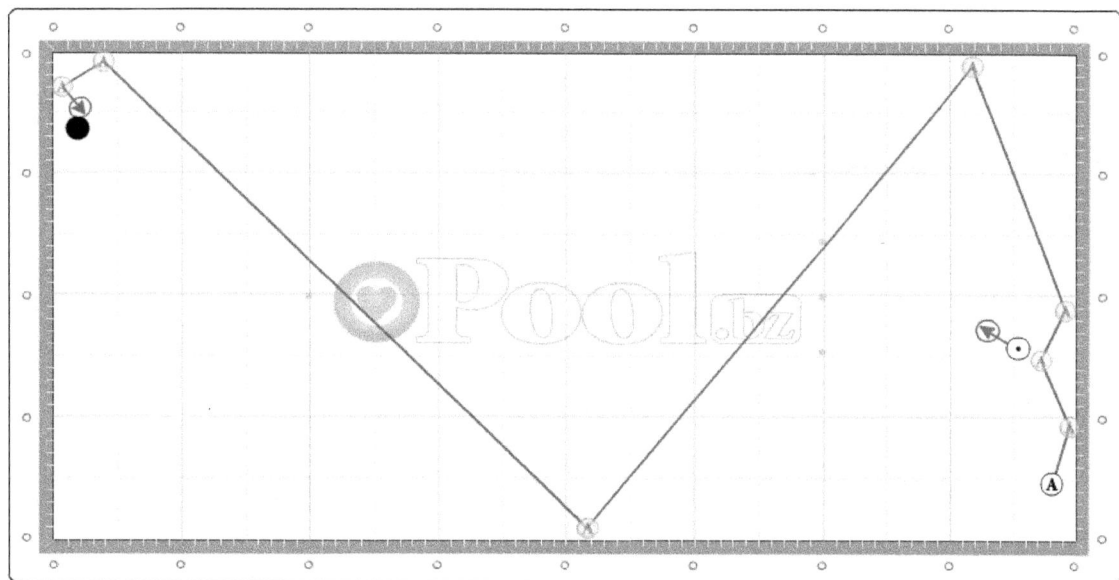

C: Grupo 2

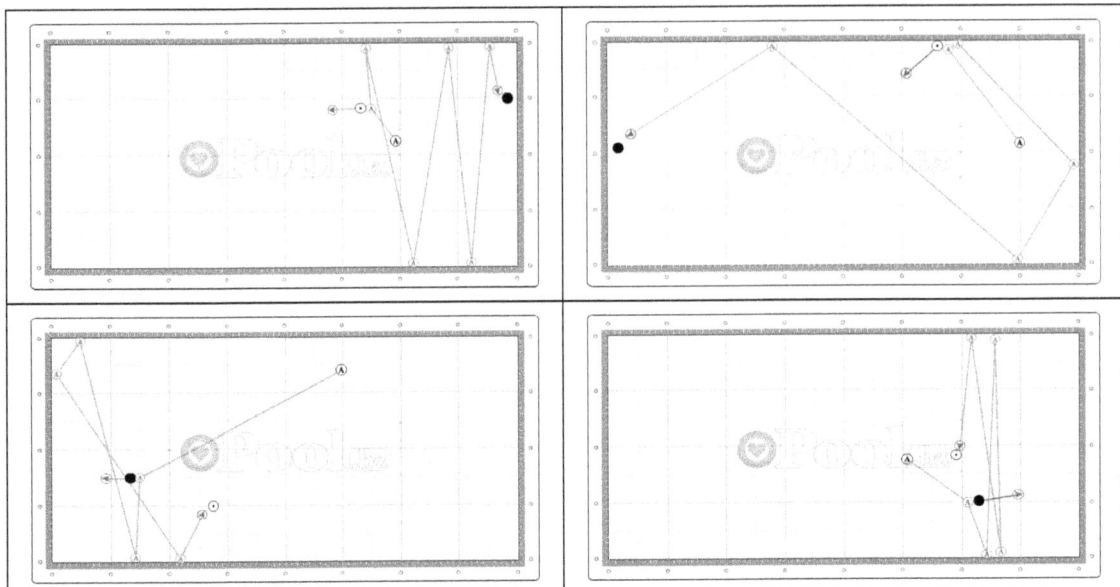

Análise:

C:2a. _____

C:2b. _____

C:2c. _____

C:2d. _____

C:2a – Configuração

Notas e ideias:

Tiro padrão

C:2b – Configuração

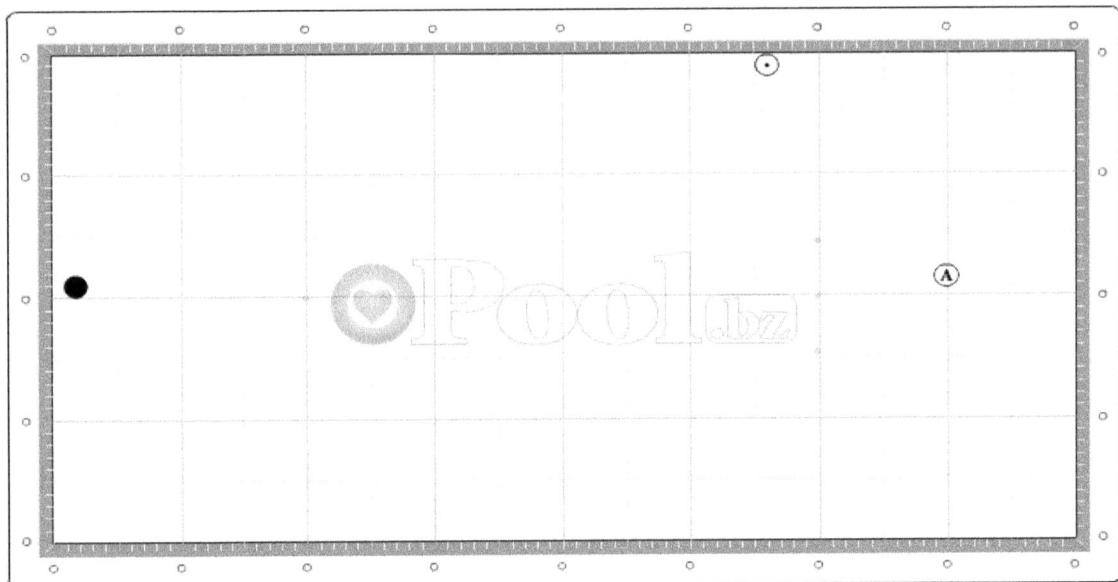

Notas e ideias:

Tiro padrão

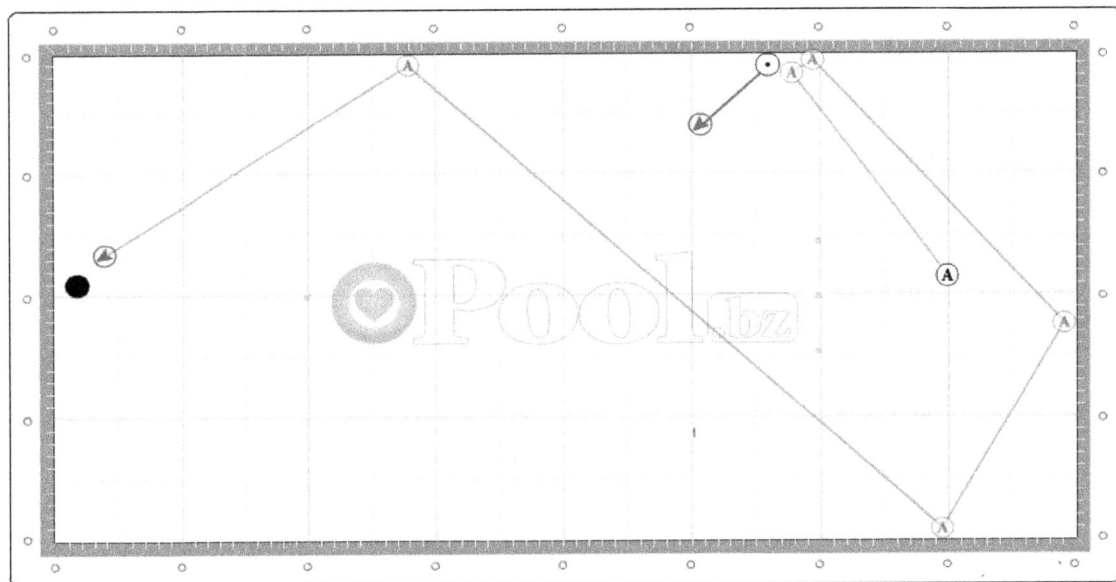

C:2c – Configuração

Notas e ideias:

Tiro padrão

C:2d – Configuração

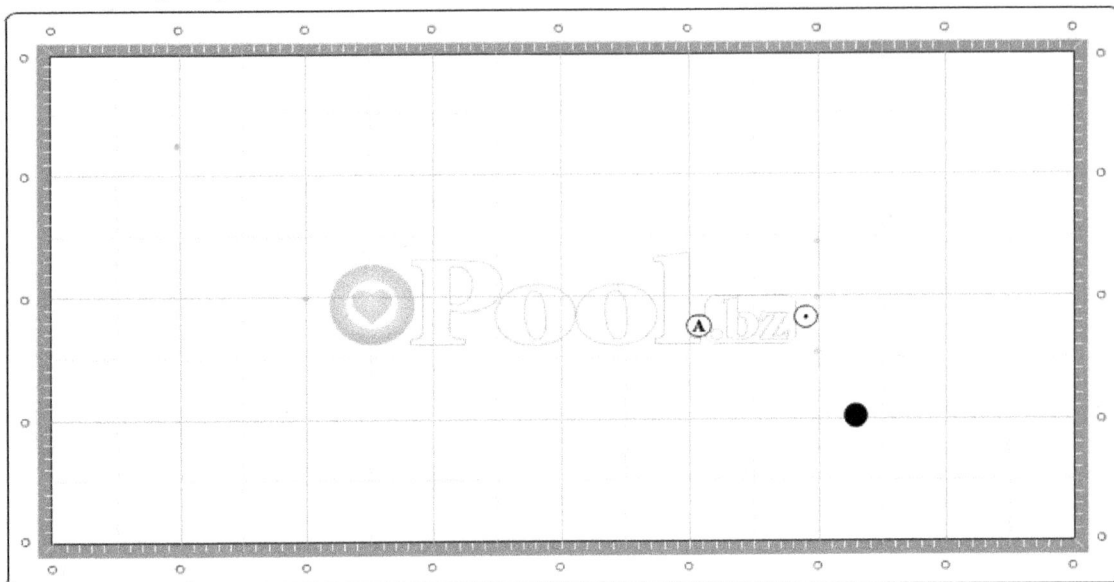

Notas e ideias:

Tiro padrão

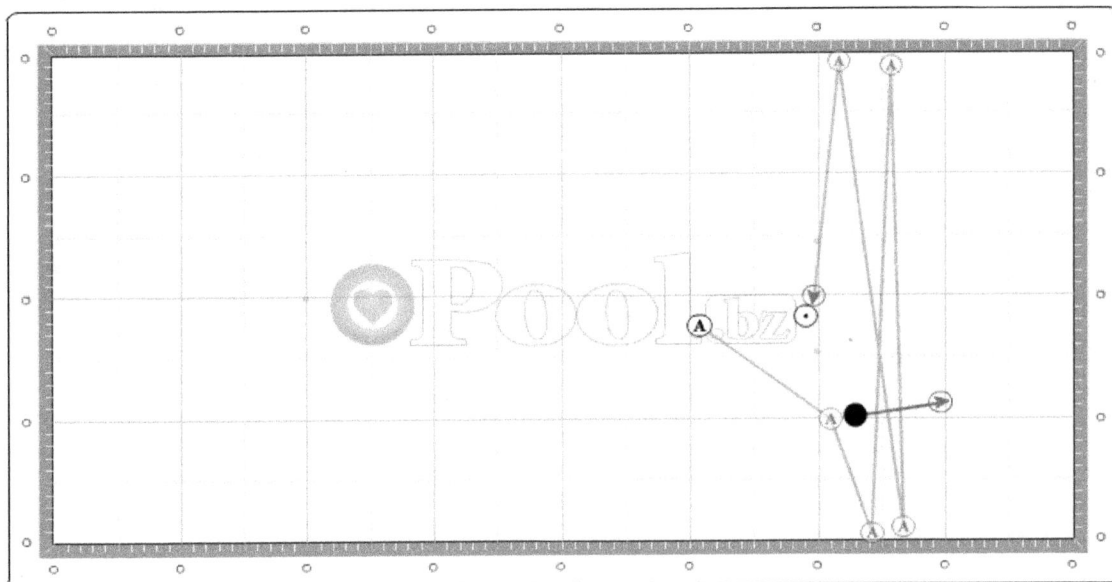

D: Muitas e muitas tabelas extras

O (CB) viaja em torno de muitas e muitas tabelas.

Ⓐ (CB) (sua bola de bilhar) - ⊙ (OB) (bola de bilhar oponente) - ● (RB) (bola de bilhar vermelha)

D: Grupo 1

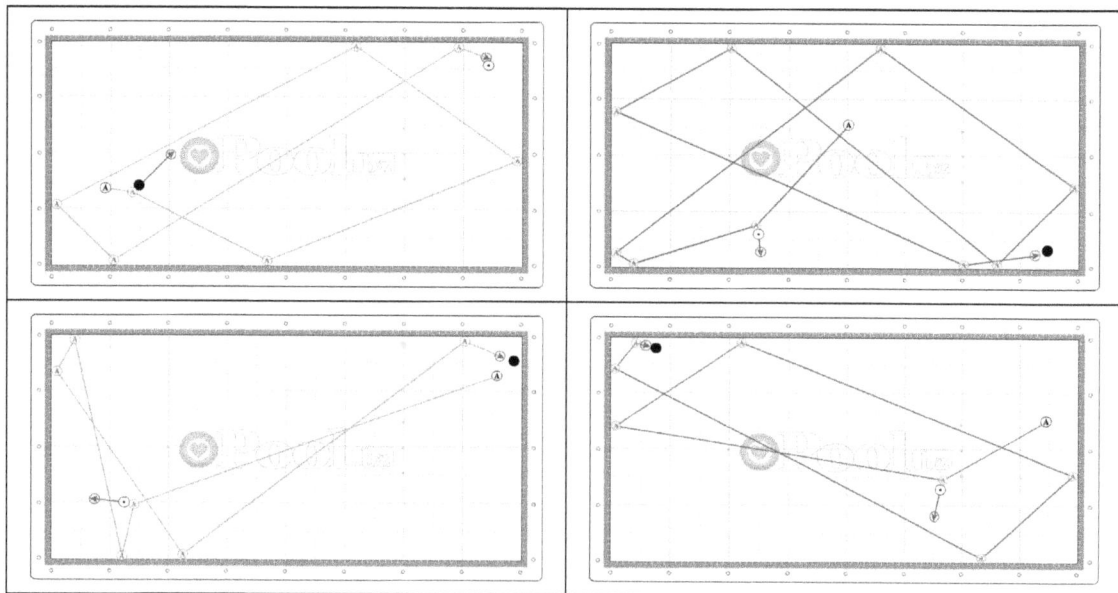

Análise:

D:1a. _____

D:1b. _____

D:1c. _____

D:1d. _____

D:1a – Configuração

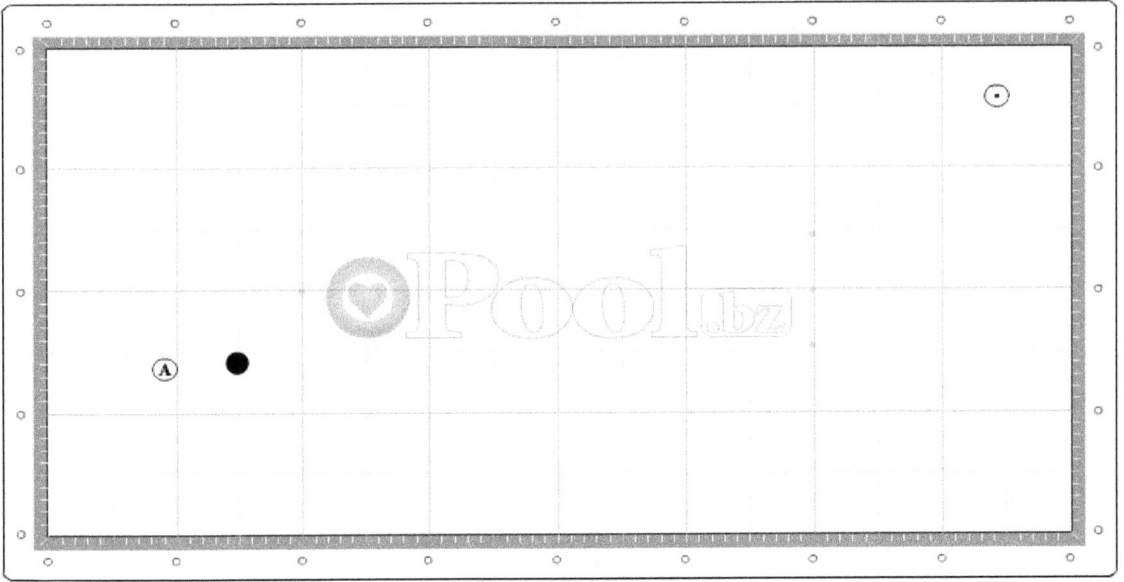

Notas e ideias:

Tiro padrão

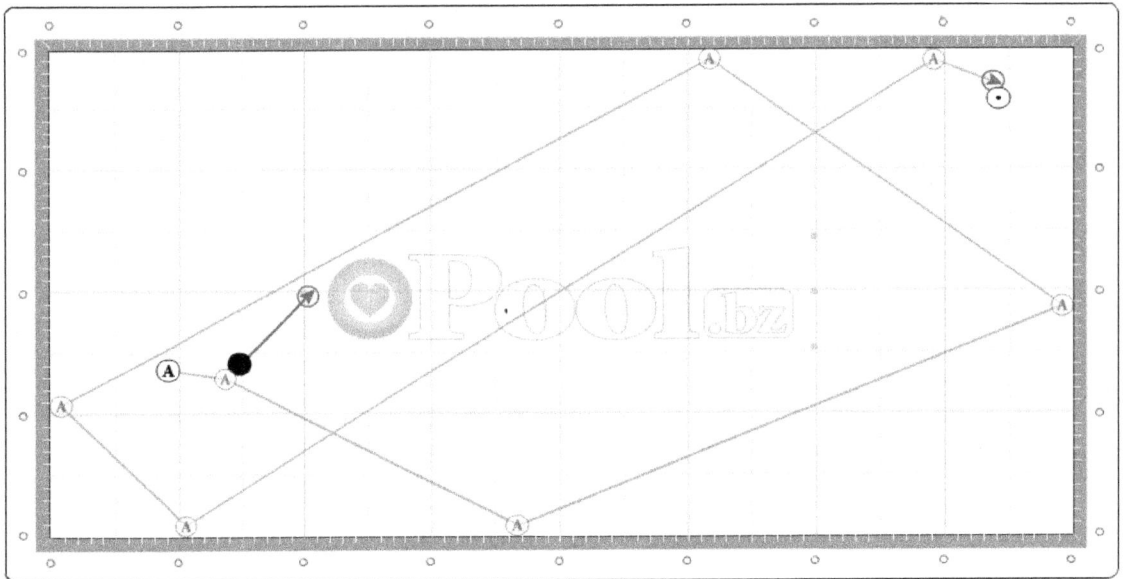

D:1b – Configuração

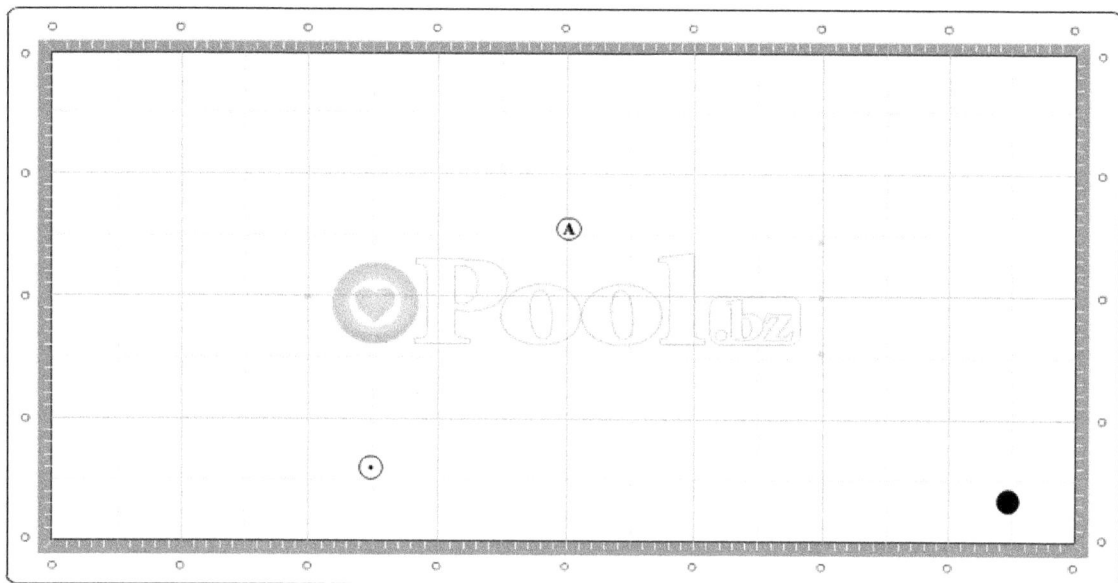

Notas e ideias:

Tiro padrão

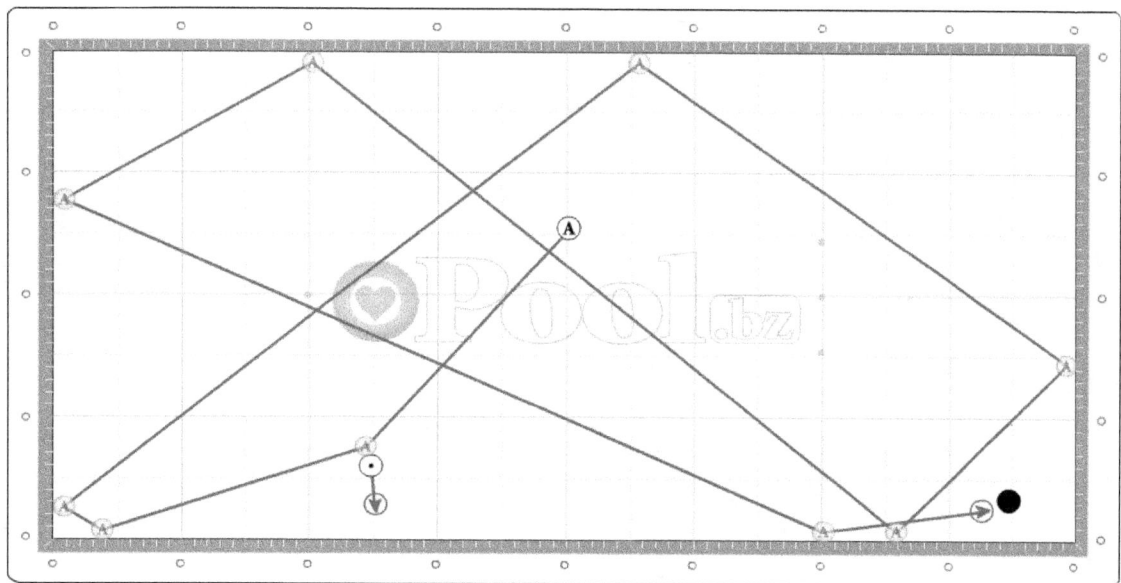

D:1c – Configuração

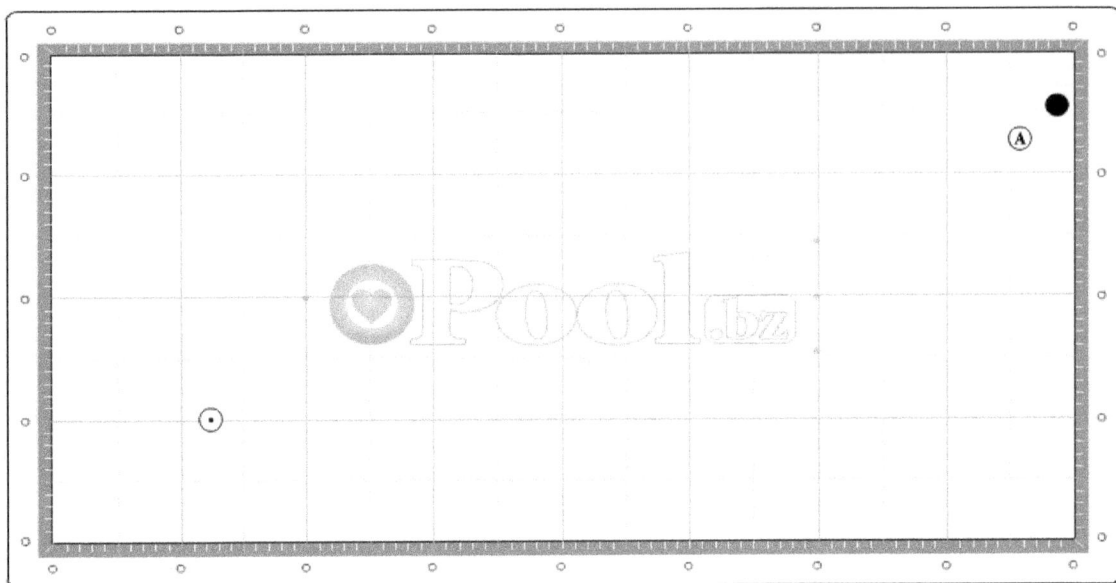

Notas e ideias:

Tiro padrão

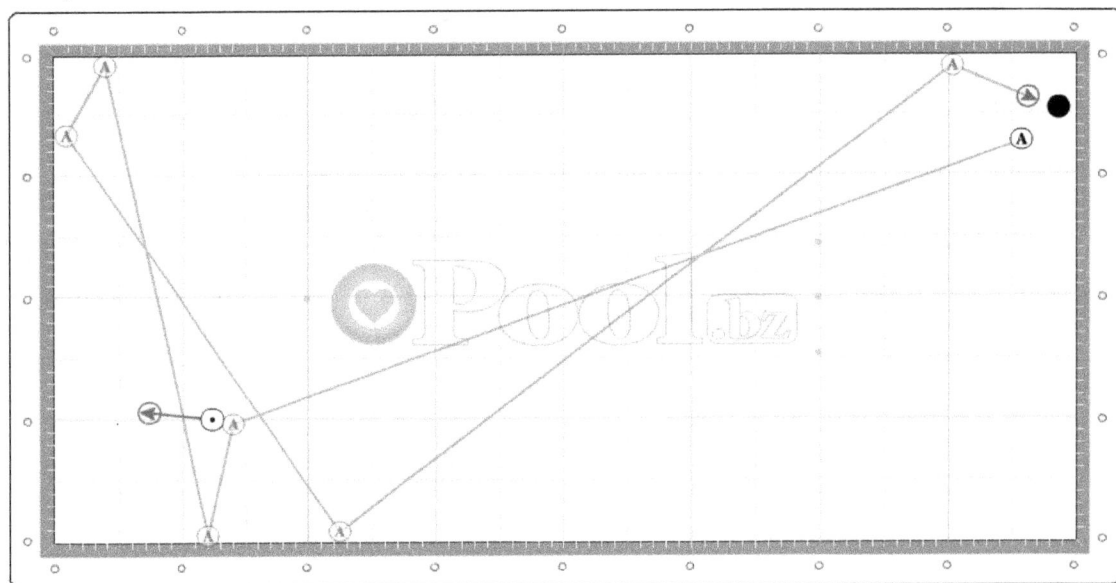

D:1d – Configuração

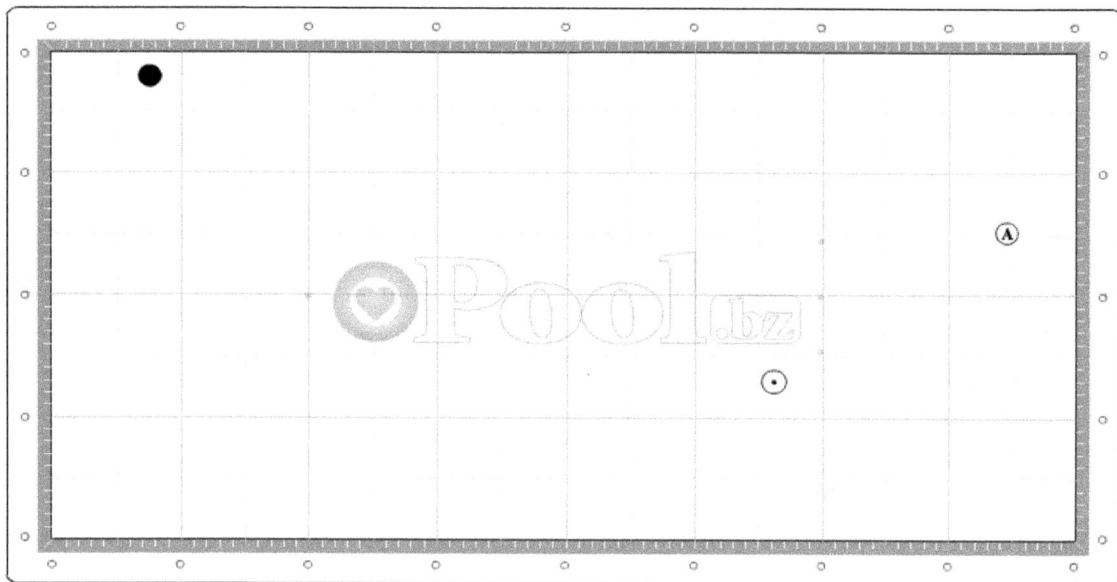

Notas e ideias:

Tiro padrão

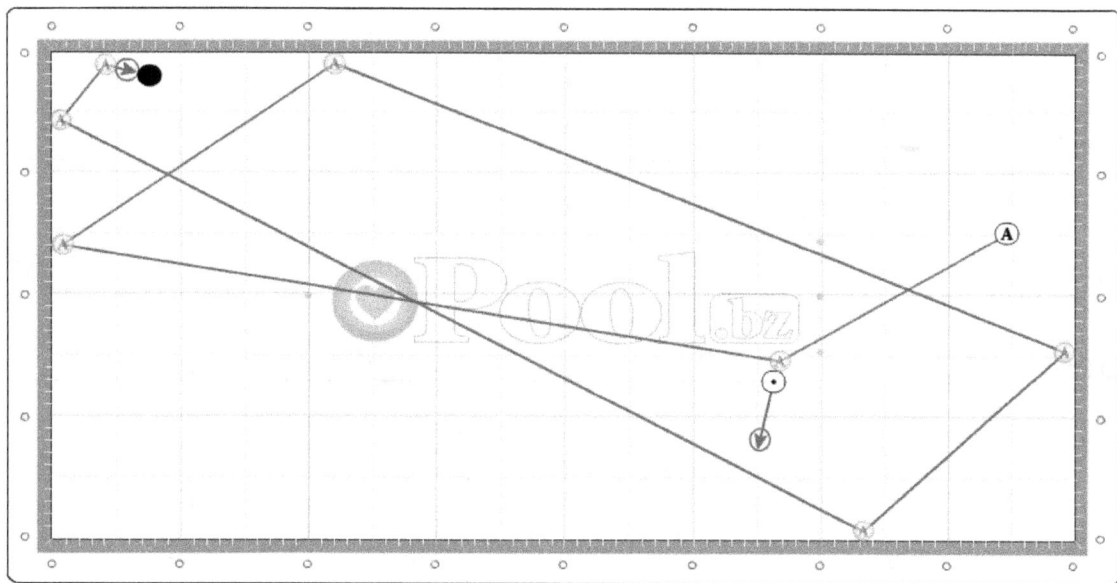

D: Grupo 2

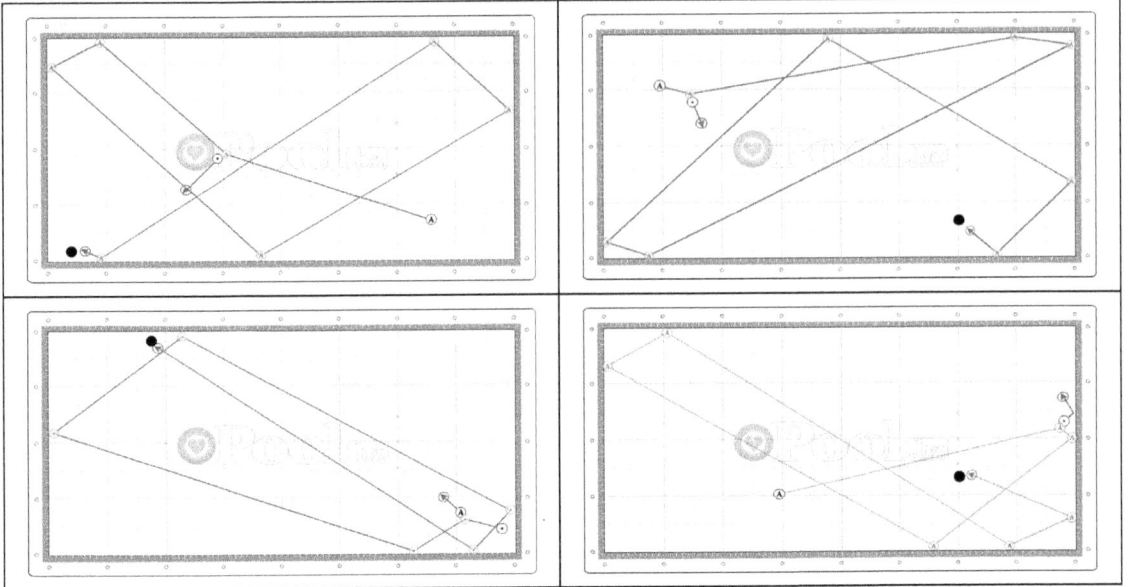

Análise:

D:2a. _____

D:2b. _____

D:2c. _____

D:2d. _____

D:2a – Configuração

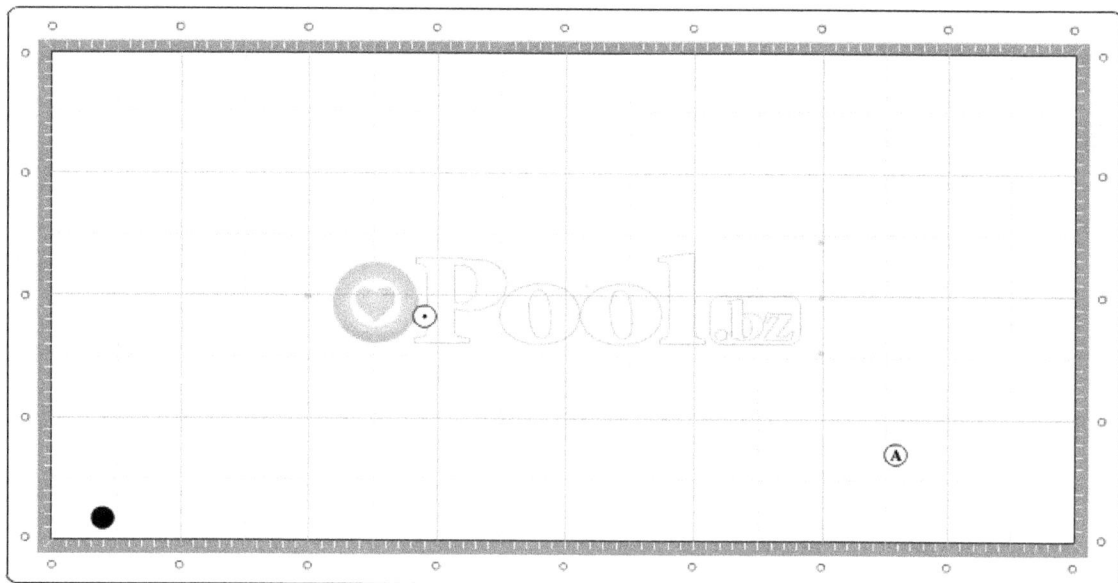

Notas e ideias:

Tiro padrão

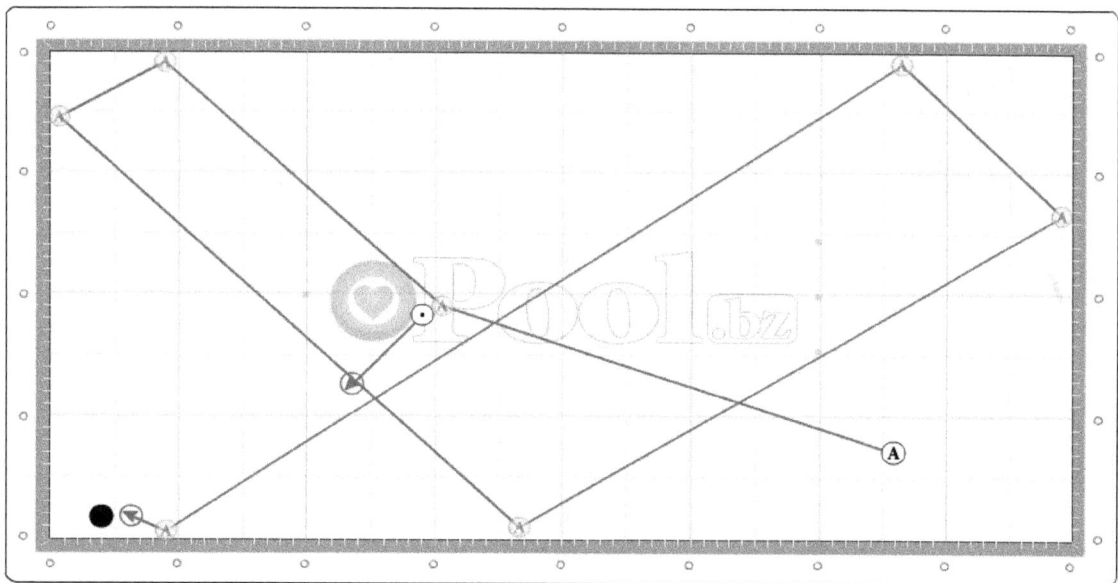

D:2b – Configuração

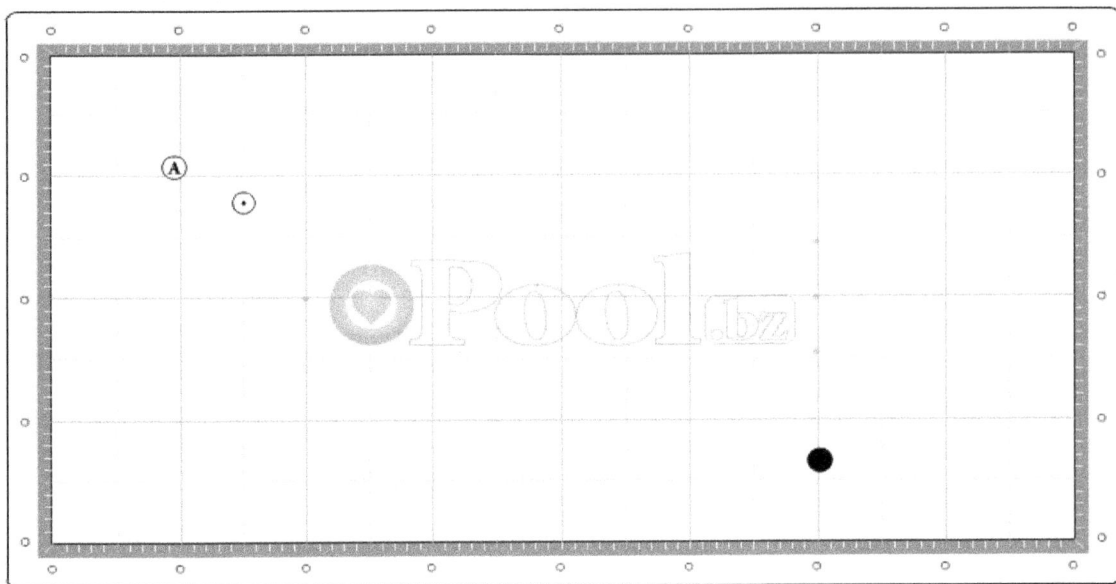

Notas e ideias:

Tiro padrão

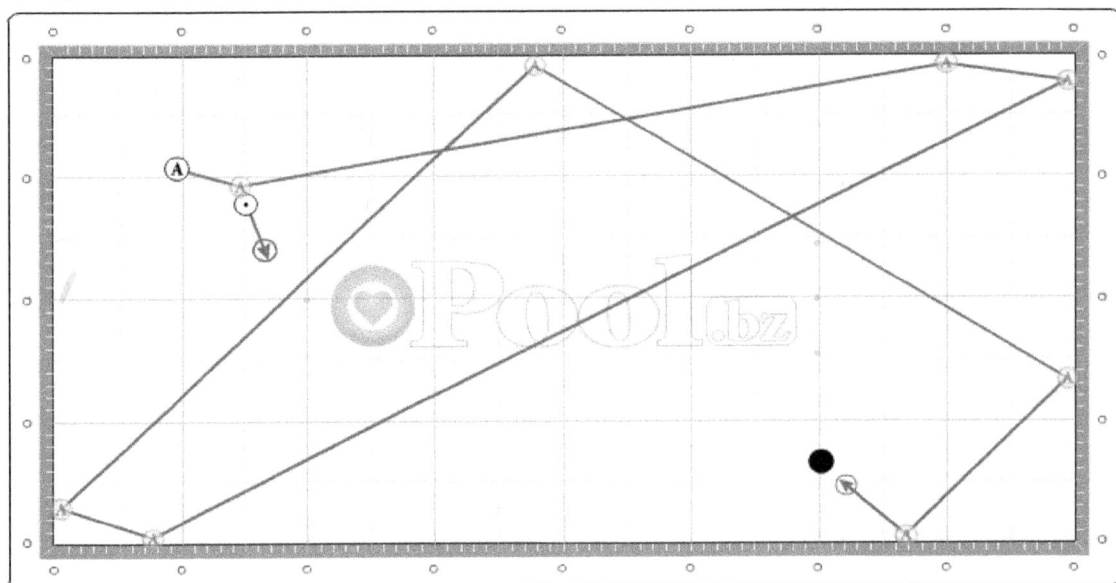

D:2c – Configuração

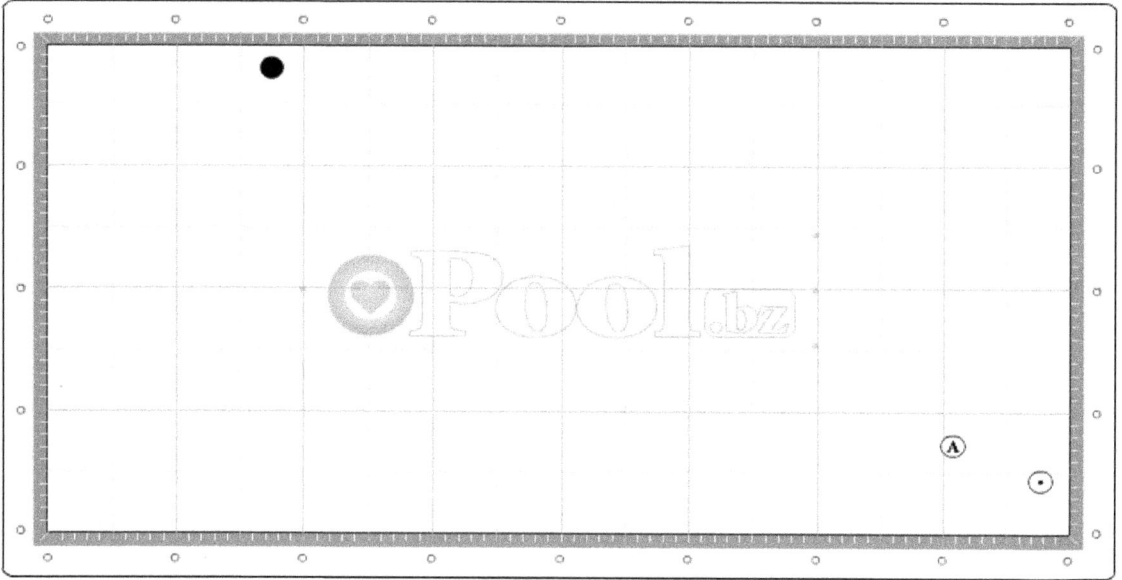

Notas e ideias:

Tiro padrão

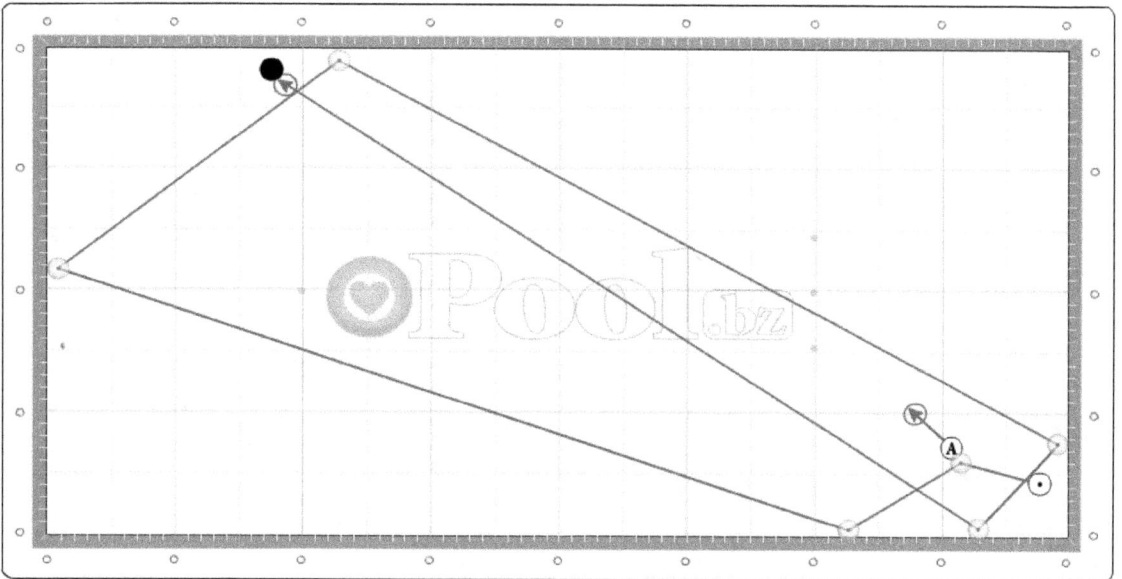

D:2d – Configuração

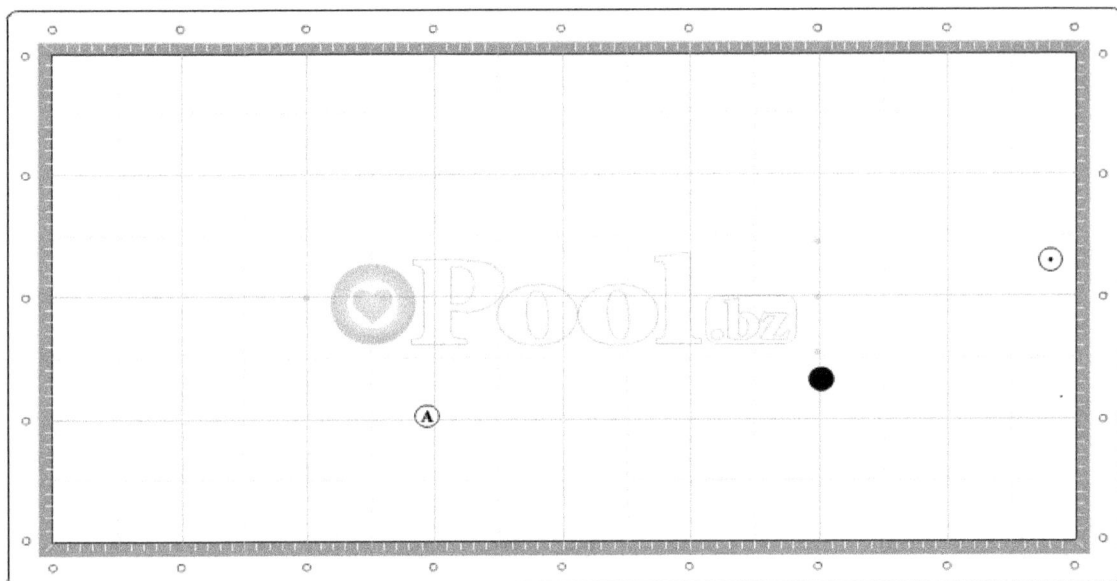

Notas e ideias:

Tiro padrão

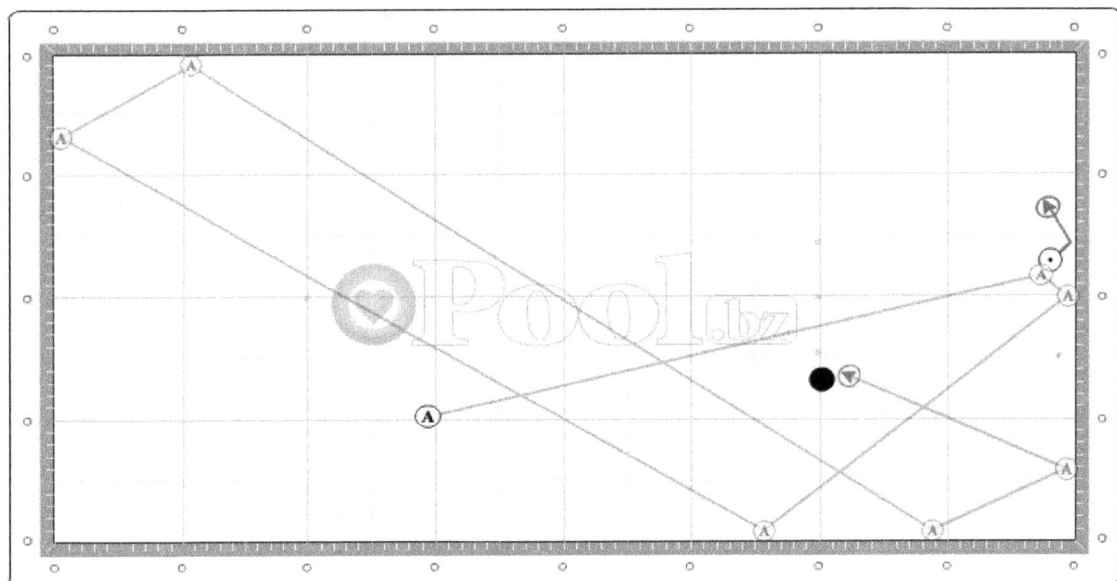

D: Grupo 3

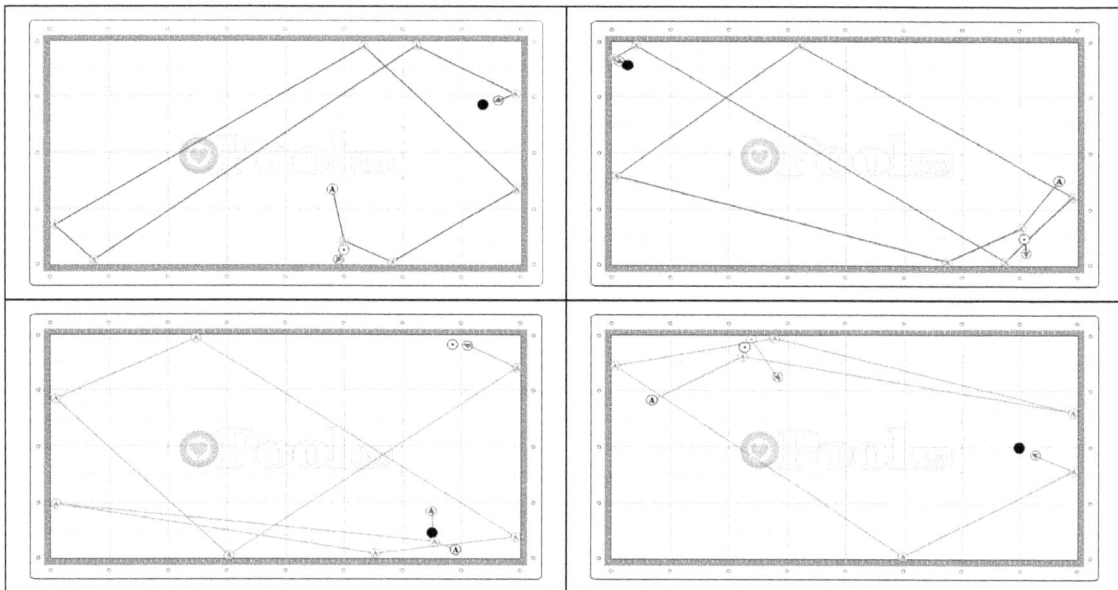

Análise:

D:3a. _____

D:3b. _____

D:3c. _____

D:3d. _____

D:3a – Configuração

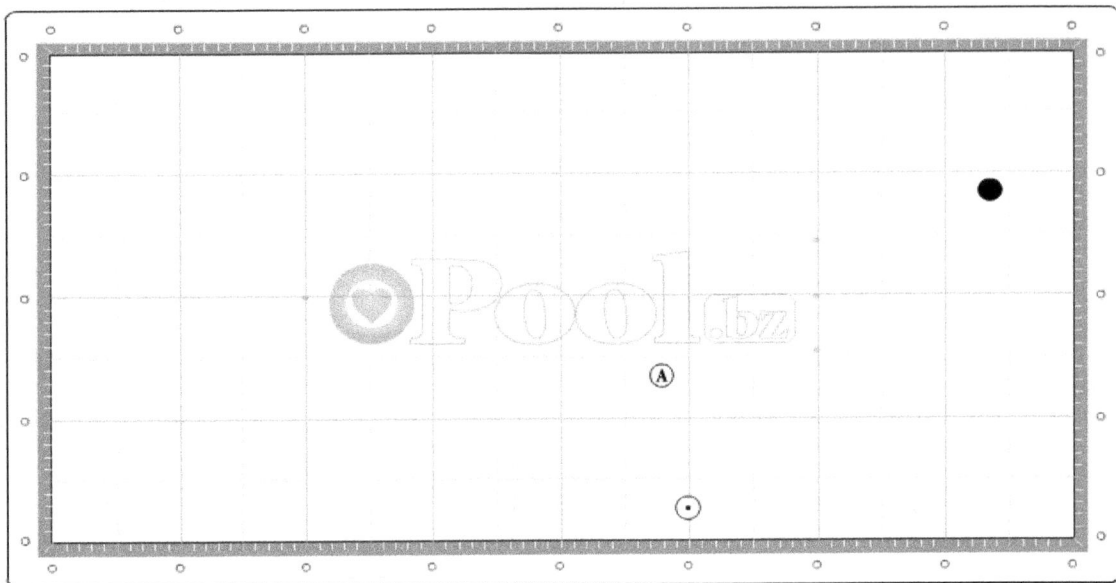

Notas e ideias:

Tiro padrão

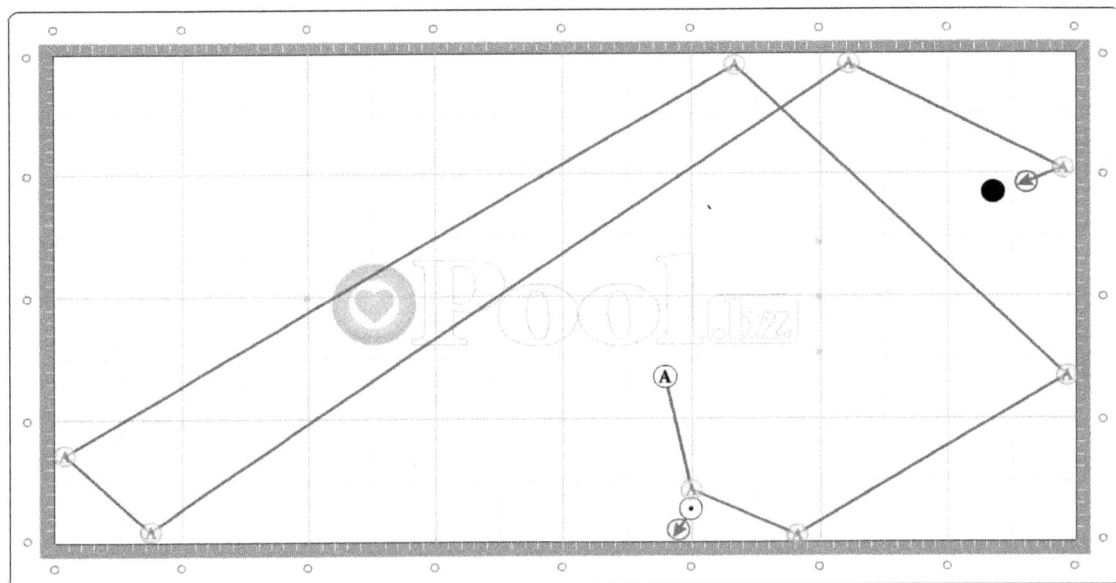

D:3b – Configuração

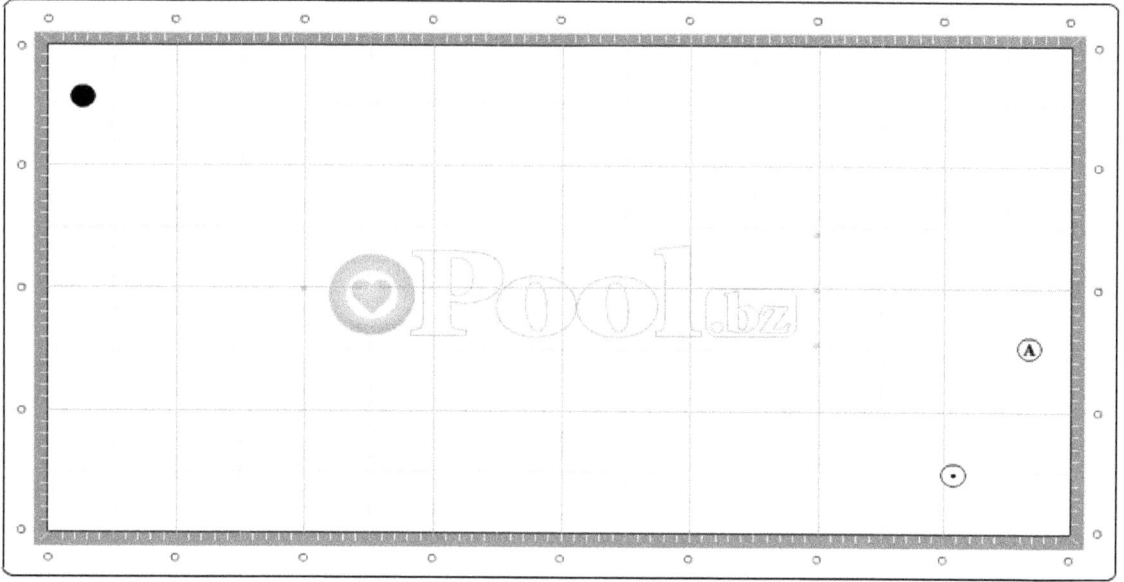

Notas e ideias:

Tiro padrão

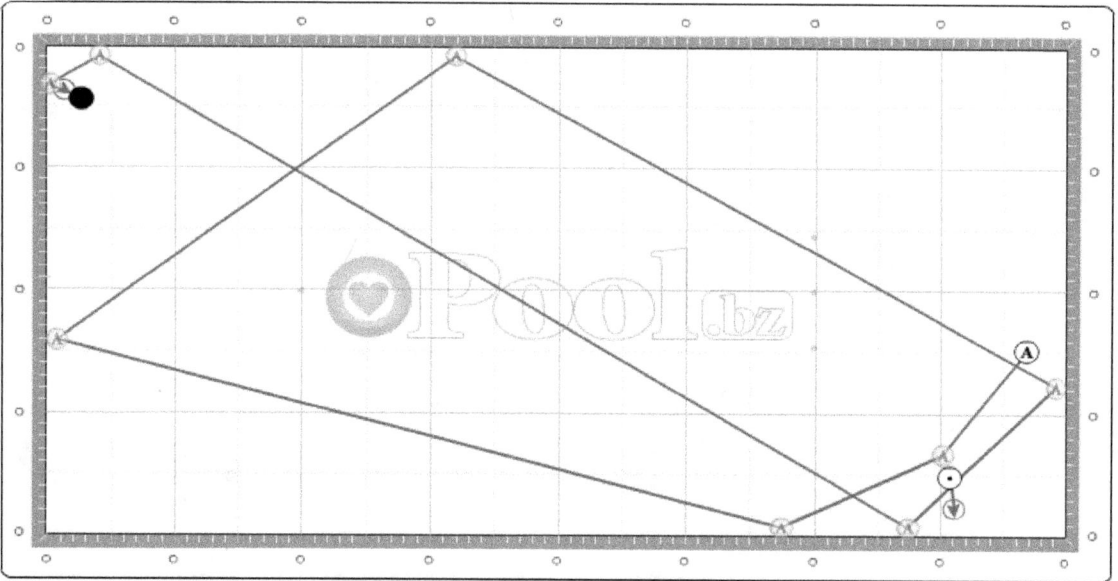

D:3c – Configuração

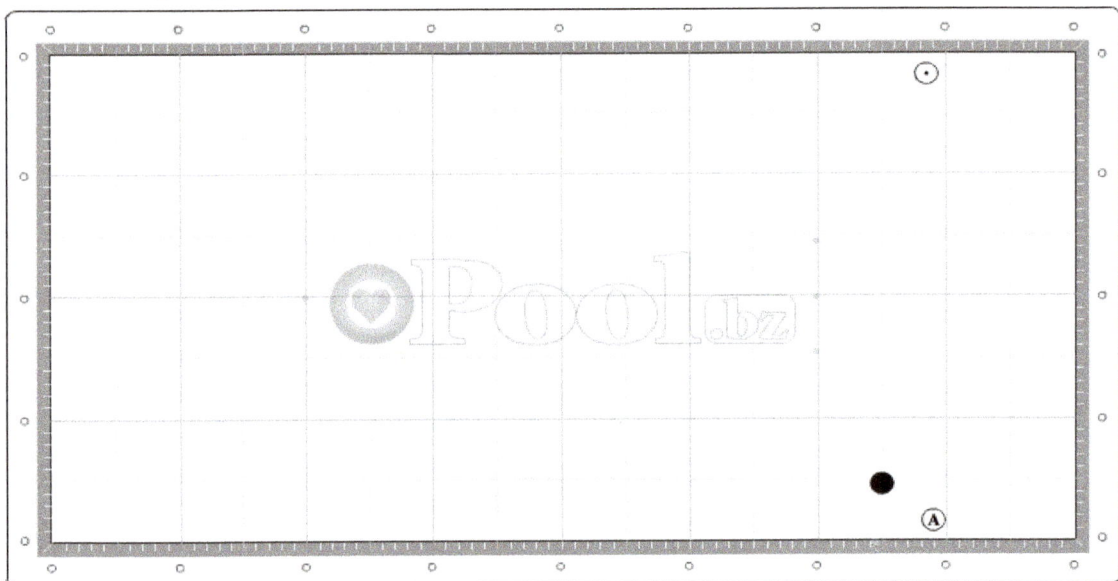

Notas e ideias:

Tiro padrão

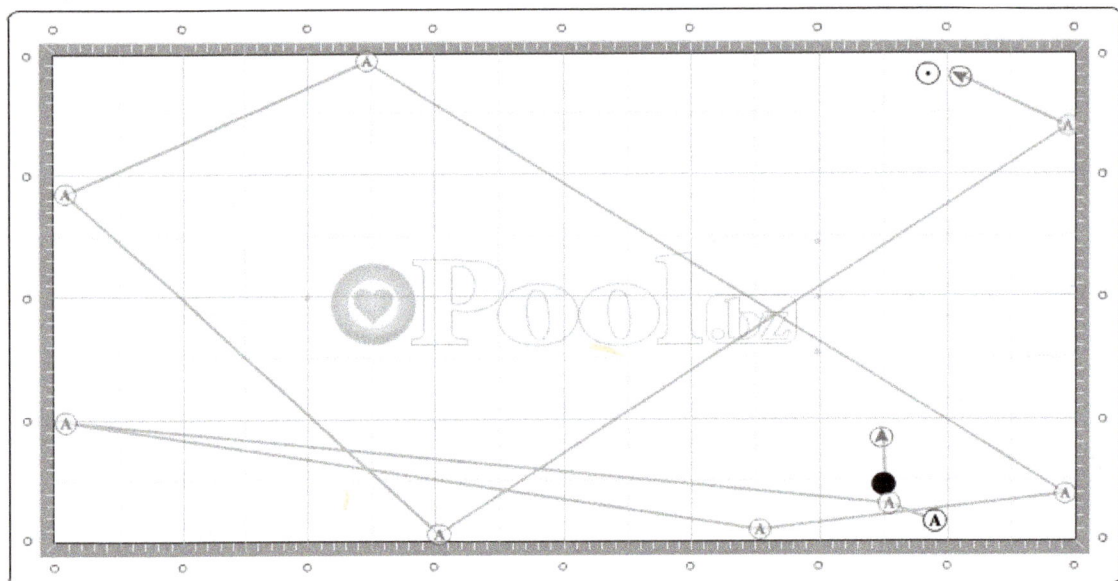

D:3d – Configuração

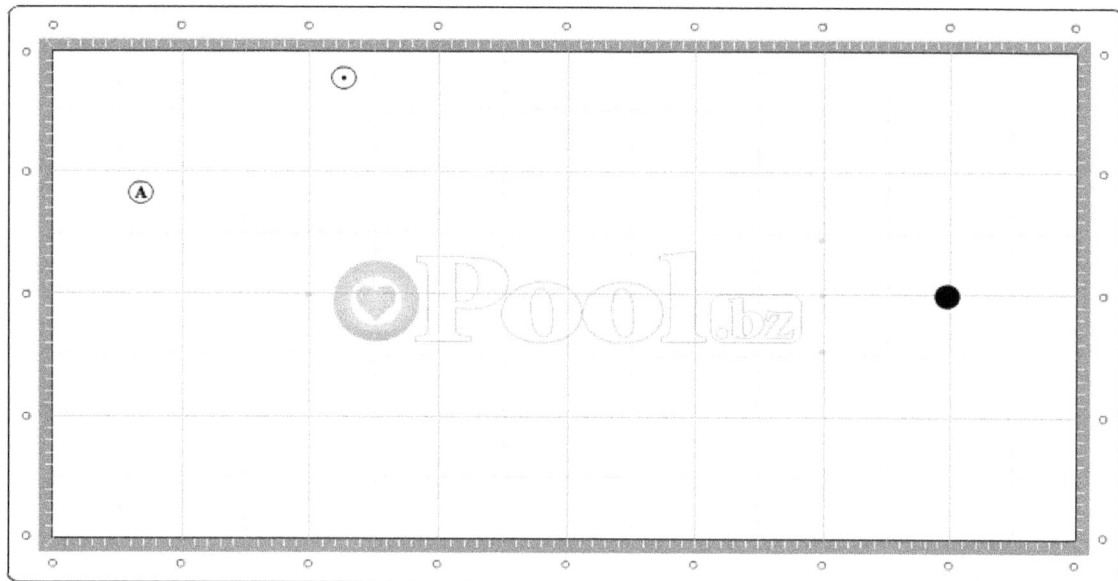

Notas e ideias:

Tiro padrão

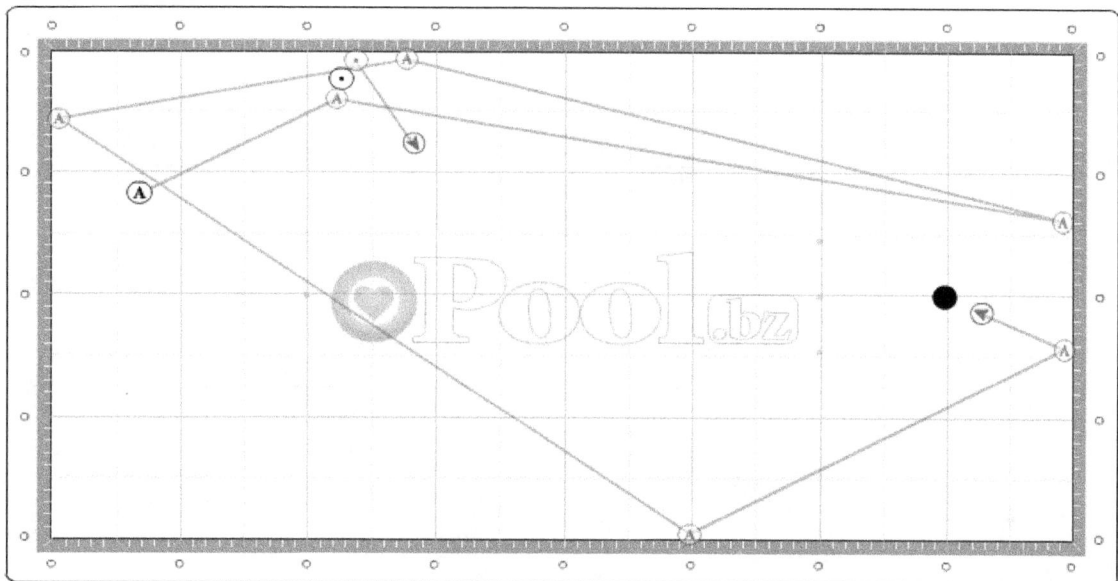

D: Grupo 4

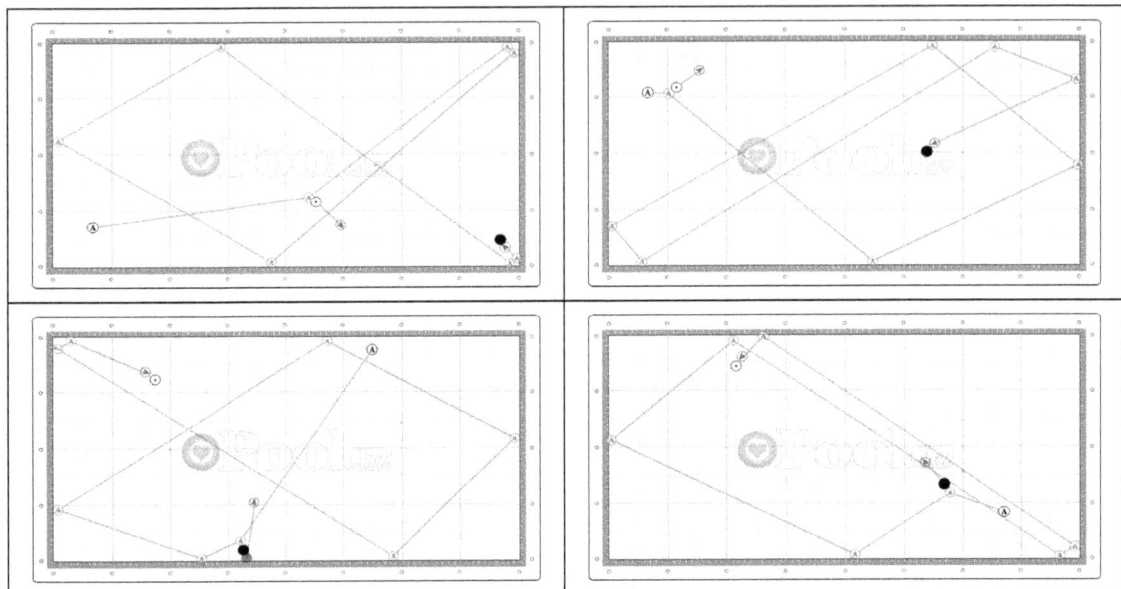

Análise:

D:4a. _____

D:4b. _____

D:4c. _____

D:4d. _____

D:4a – Configuração

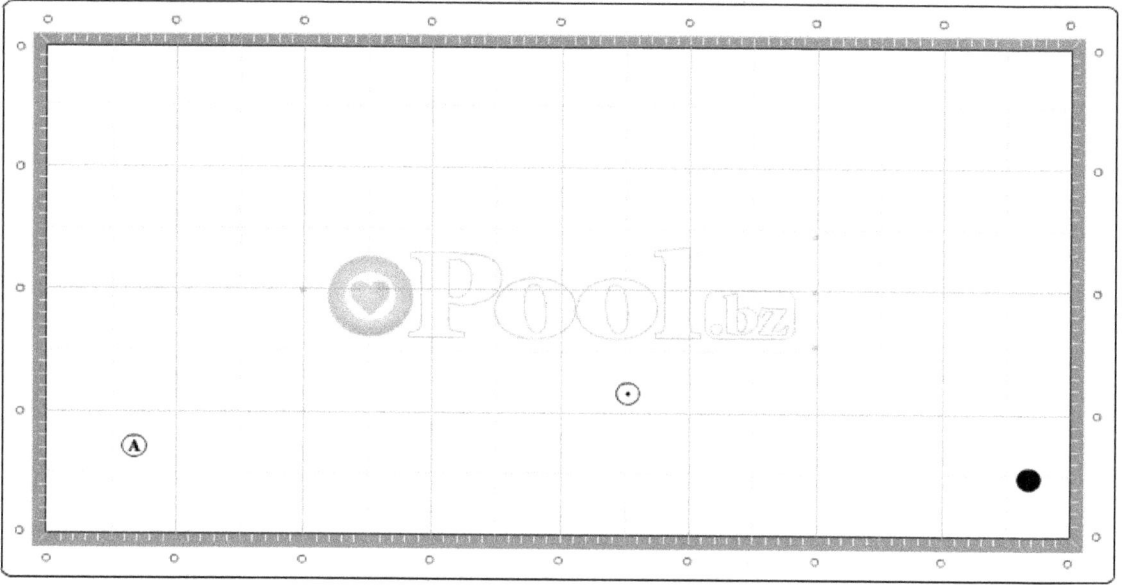

Notas e ideias:

Tiro padrão

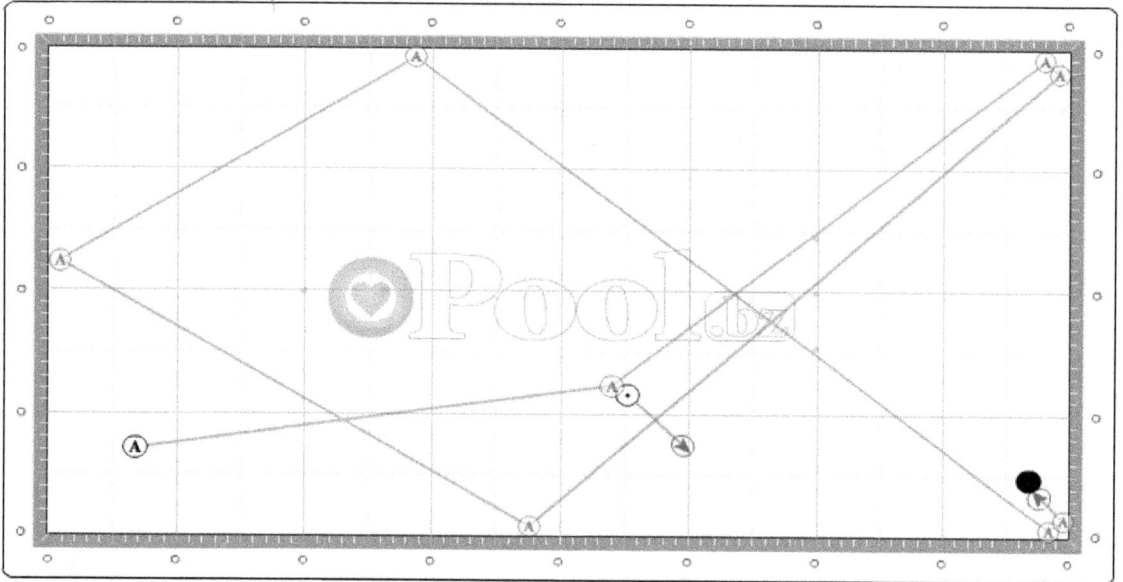

D:4b – Configuração

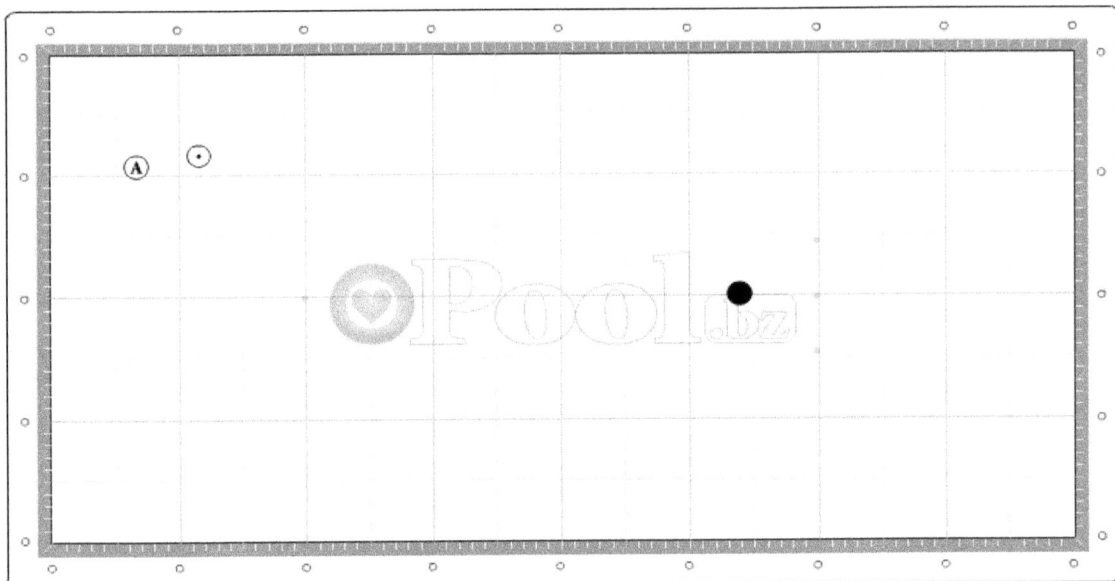

Notas e ideias:

Tiro padrão

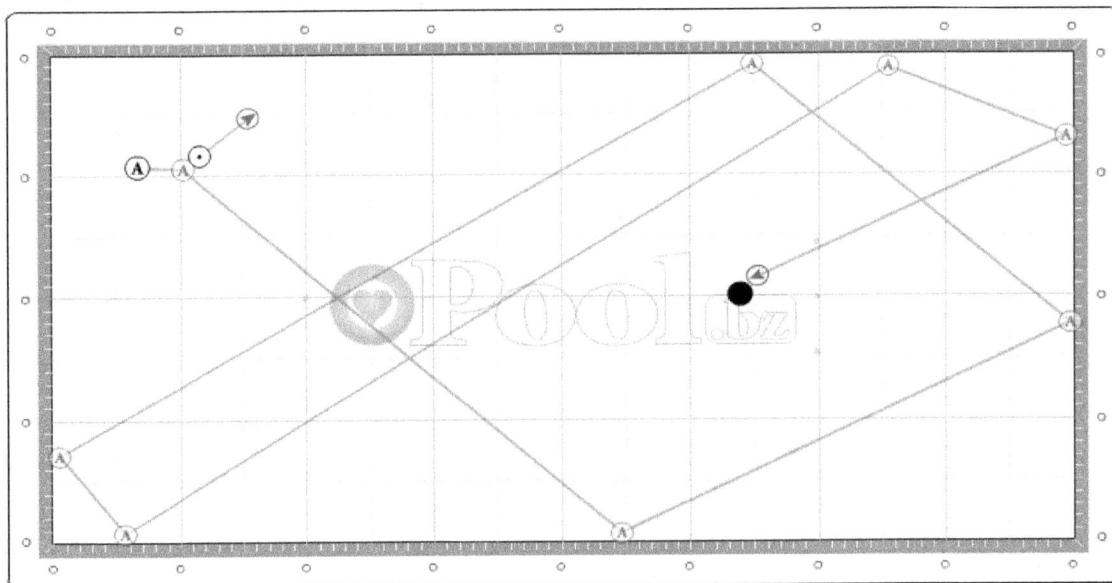

D:4c – Configuração

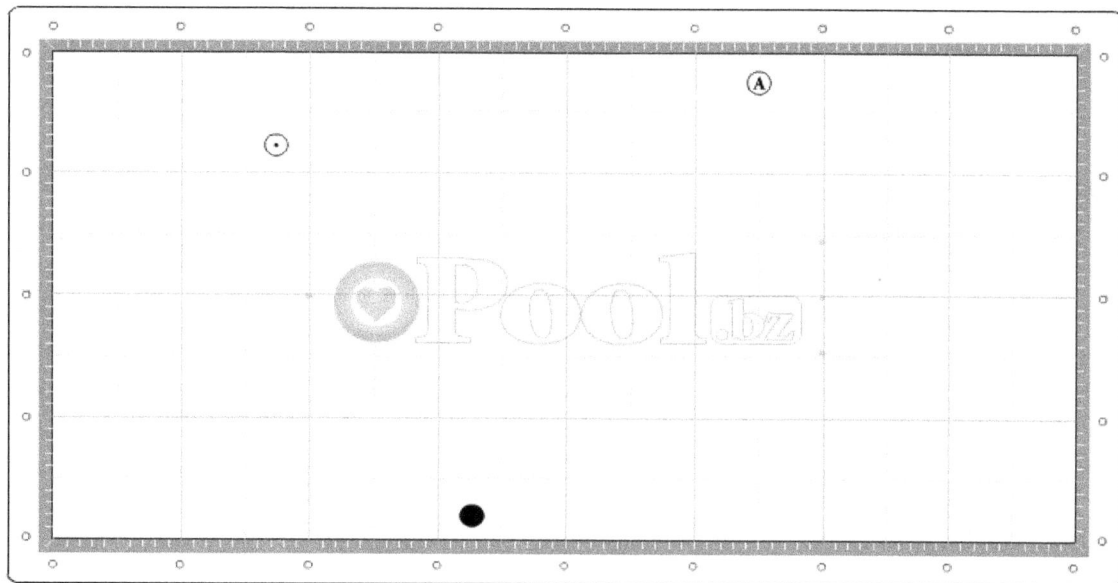

Notas e ideias:

Tiro padrão

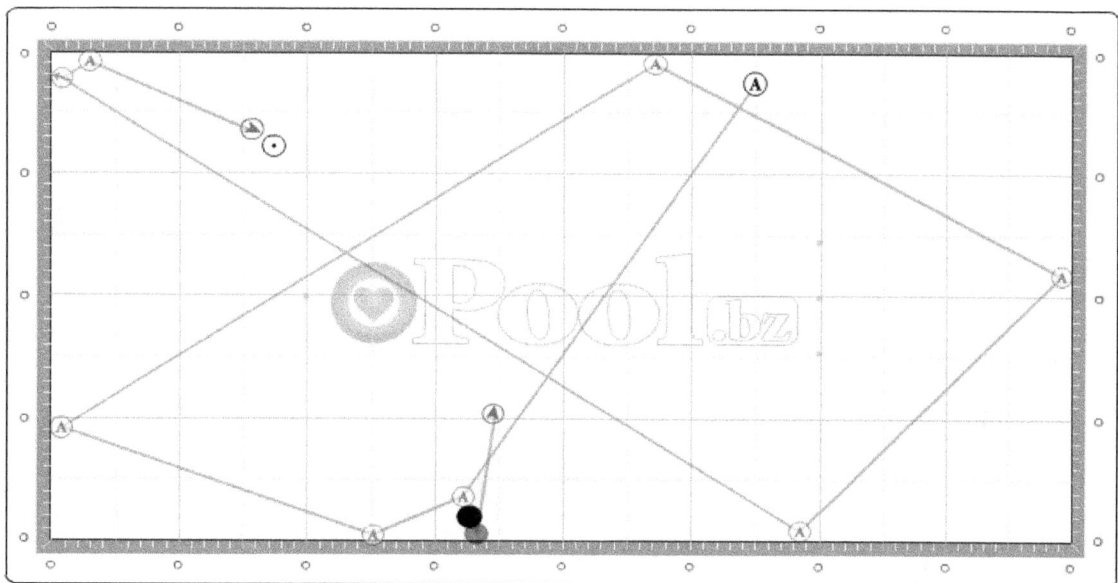

D:4d – Configuração

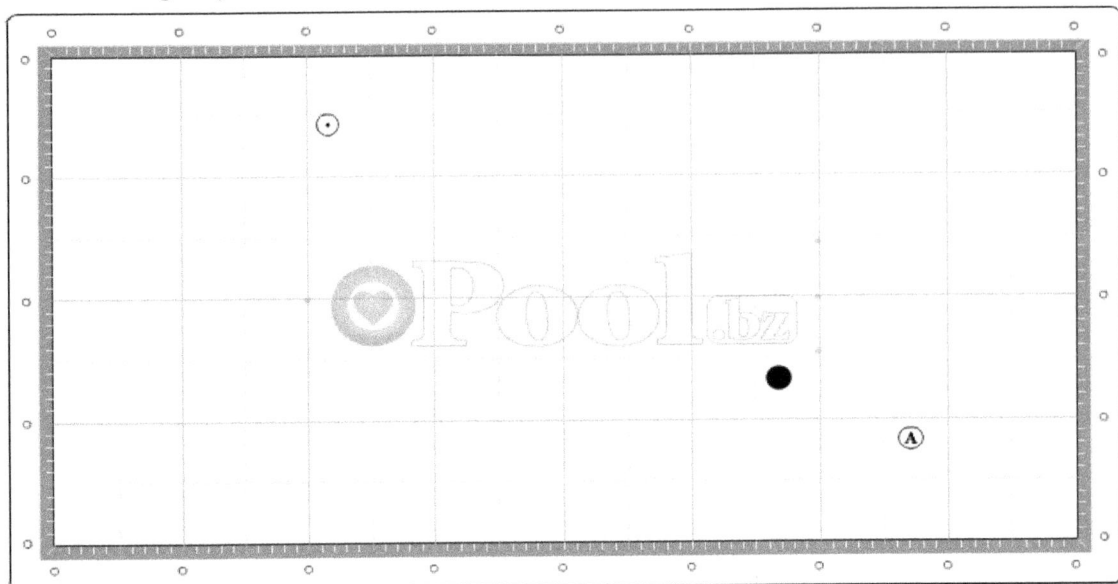

Notas e ideias:

Tiro padrão

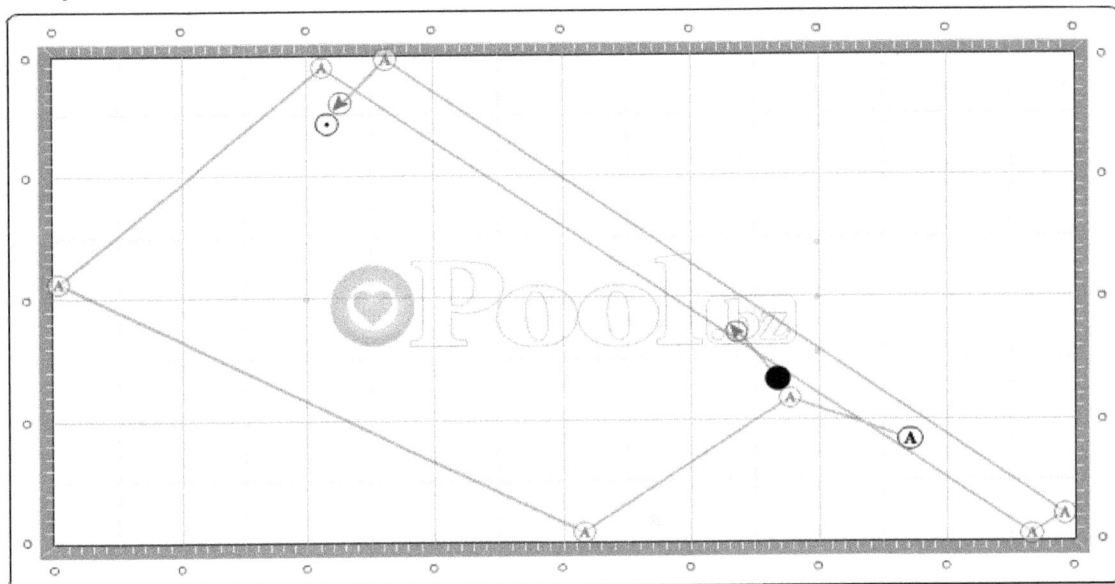

E: Caminhos paralelos

O (CB) vai de um canto para outro canto e volta para o primeiro canto. A saída do padrão (CB) está em uma linha paralela ao padrão que entra.

(A) (CB) (sua bola de bilhar) - (•) (OB) (bola de bilhar oponente) - ● (RB) (bola de bilhar vermelha)

E: Grupo 1

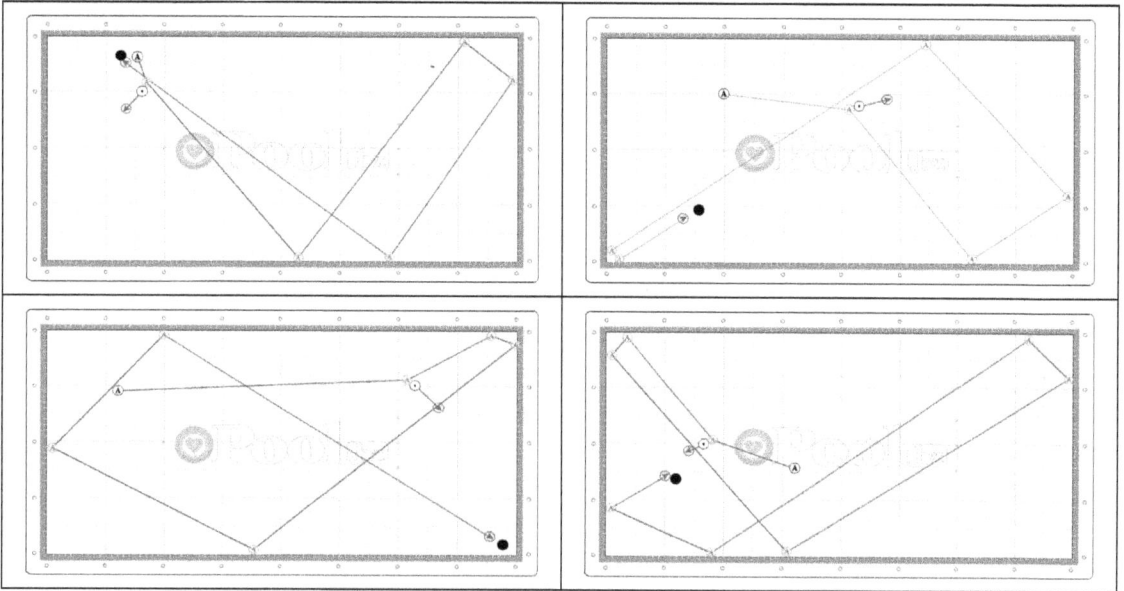

Análise:

E:1a. _____

E:1b. _____

E:1c. _____

E:1d. _____

E:1a – Configuração

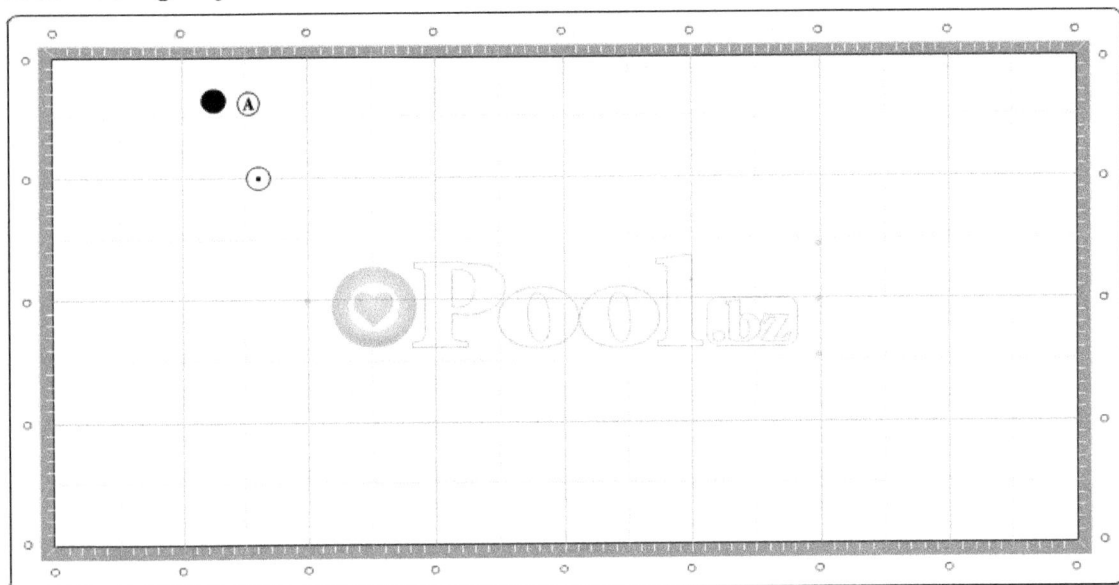

Notas e ideias:

Tiro padrão

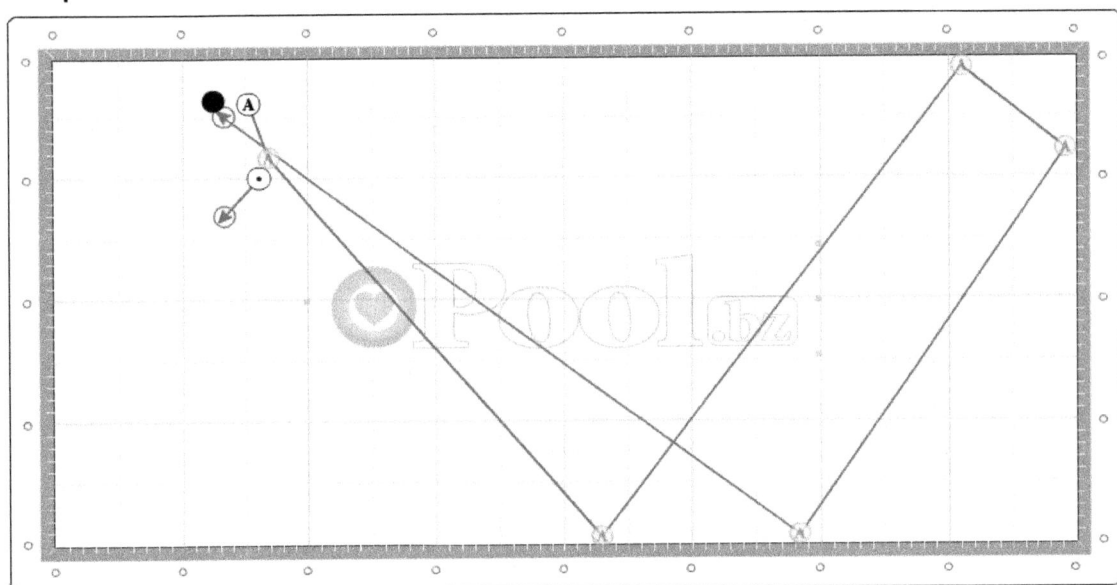

E:1b – Configuração

Notas e ideias:

Tiro padrão

E:1c – Configuração

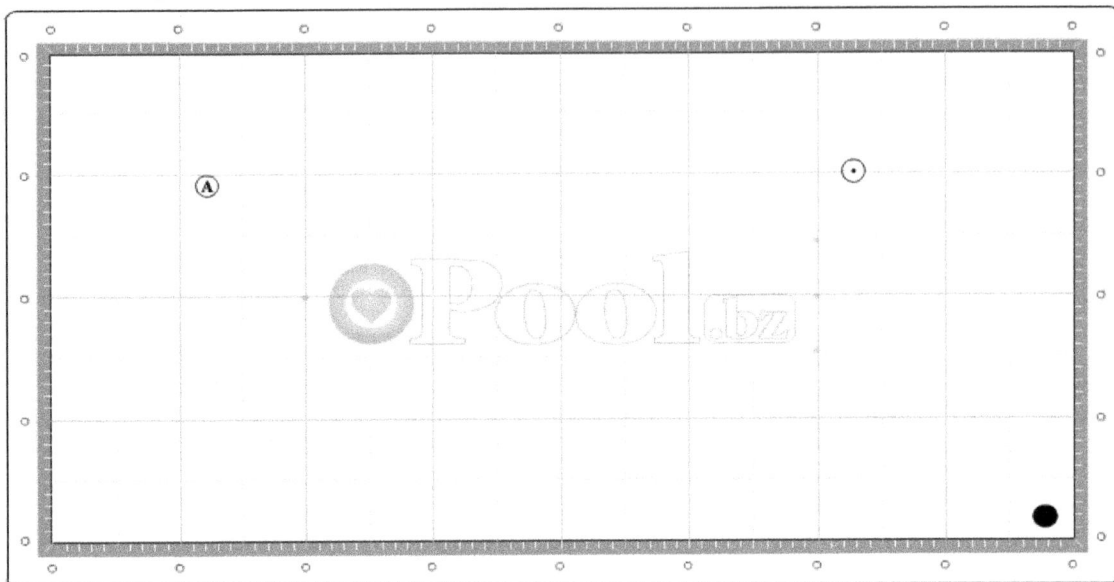

Notas e ideias:

Tiro padrão

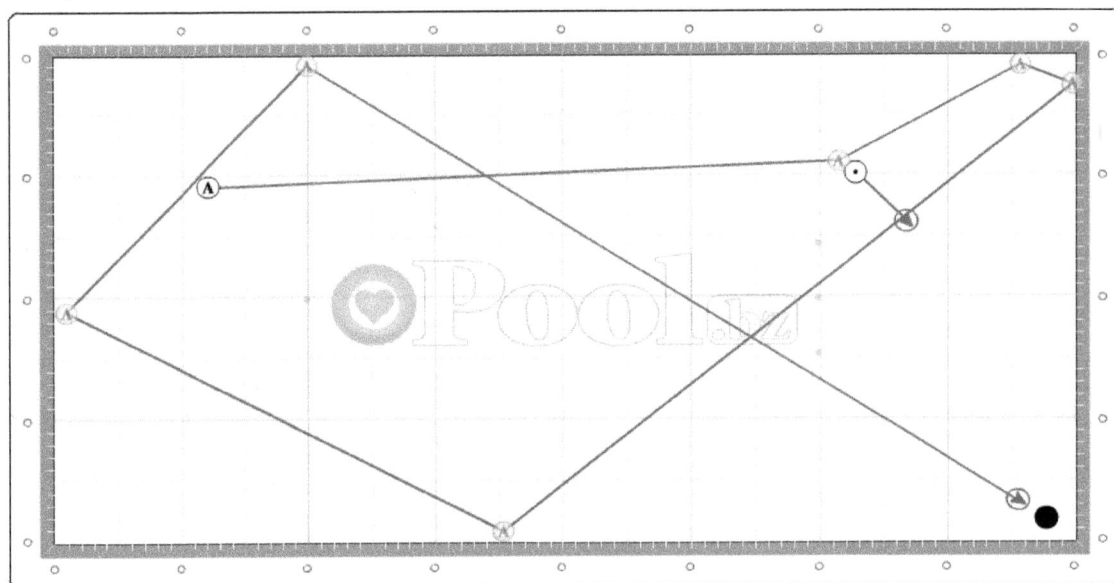

E:1d – Configuração

Notas e ideias:

Tiro padrão

E: Grupo 2

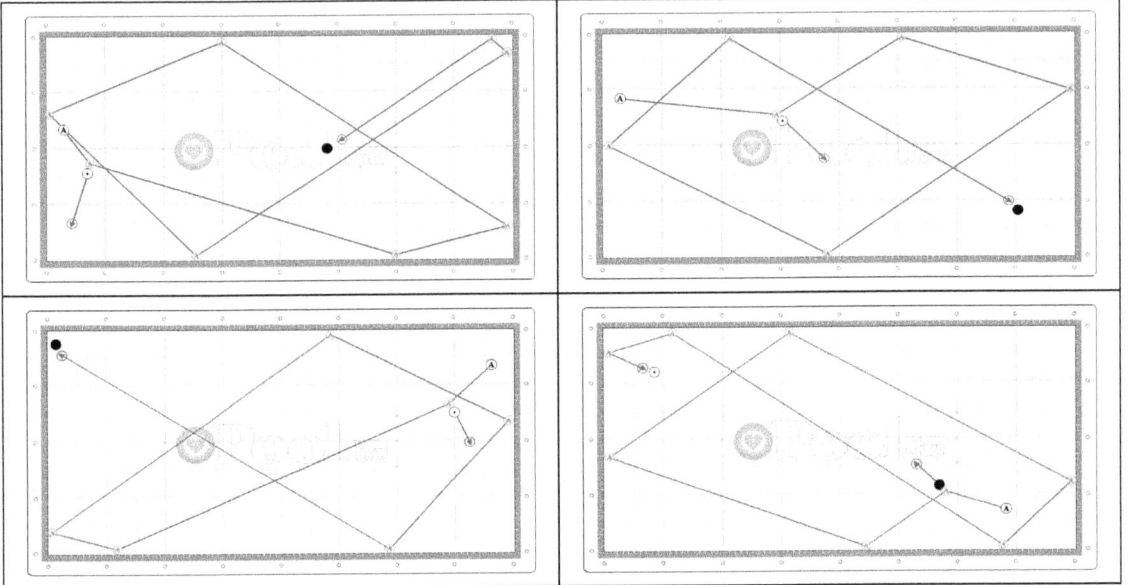

Análise:

E:2a. _____

E:2b. _____

E:2c. _____

E:2d. _____

E:2a – Configuração

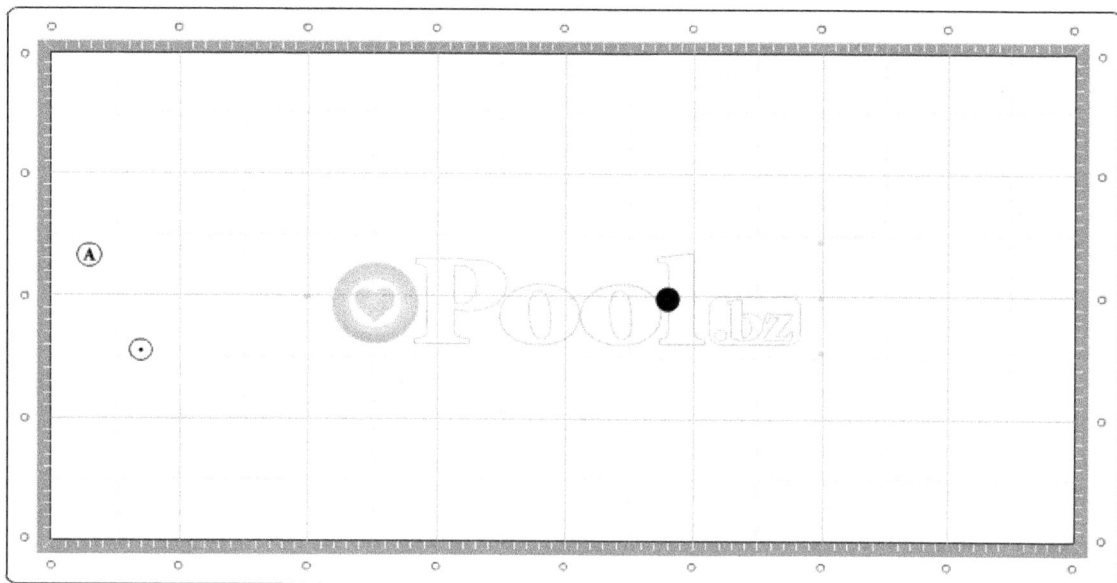

Notas e ideias:

Tiro padrão

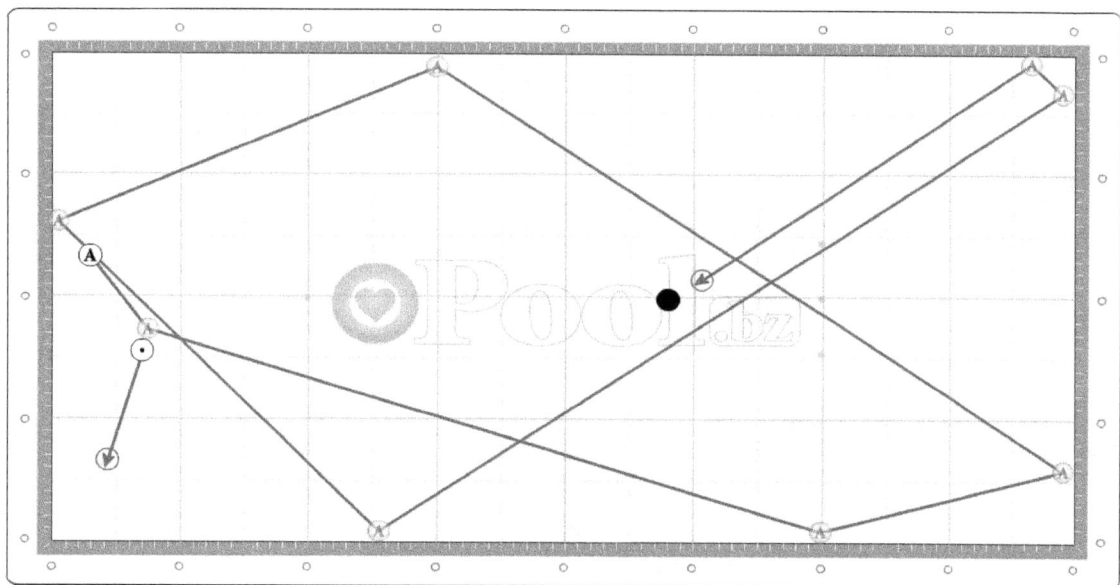

E:2b – Configuração

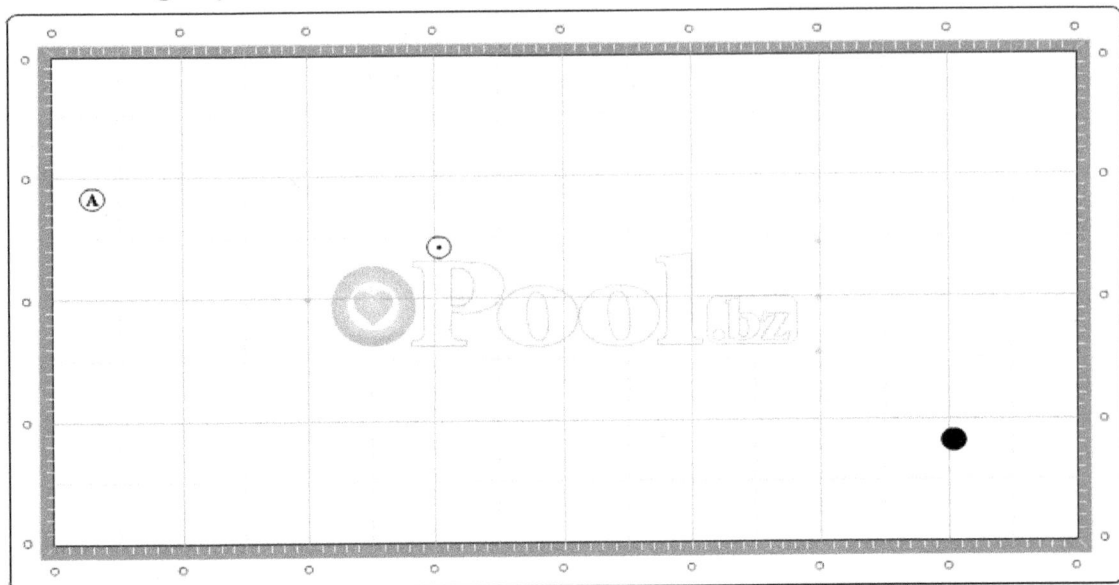

Notas e ideias:

Tiro padrão

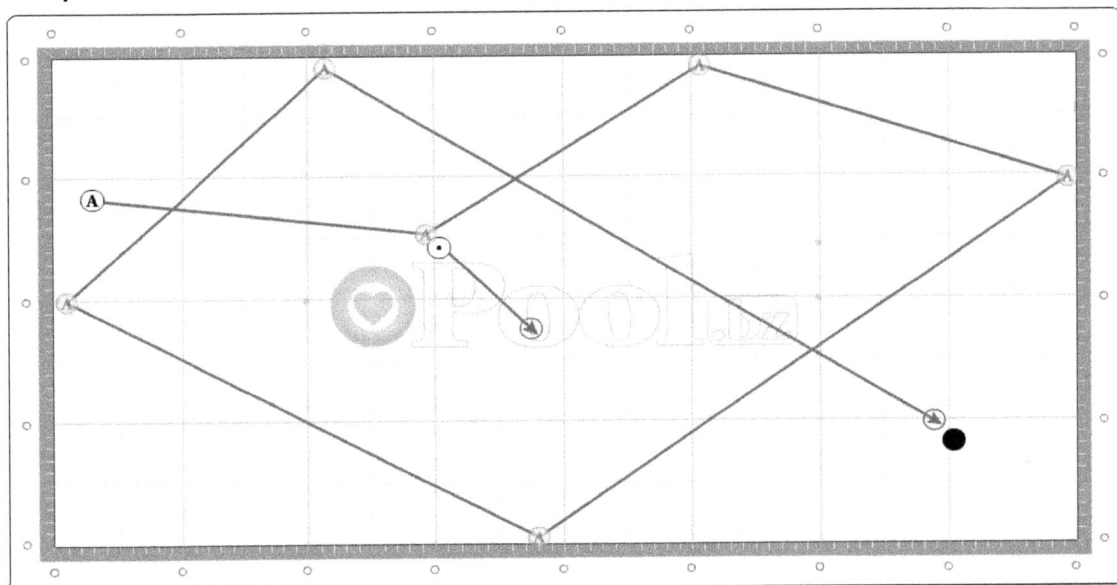

E:2c – Configuração

Notas e ideias:

Tiro padrão

E:2d – Configuração

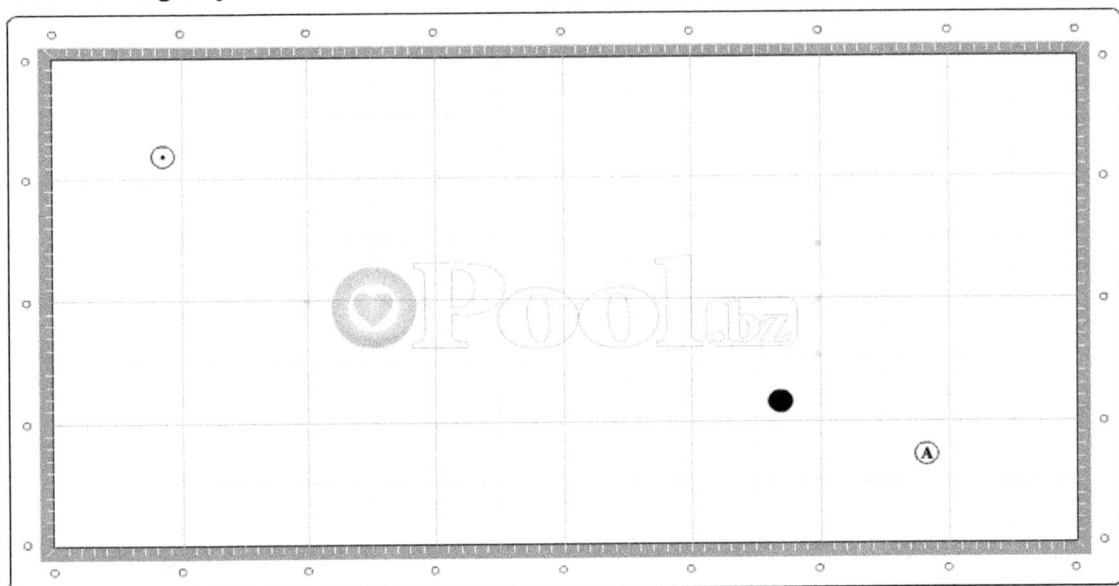

Notas e ideias:

Tiro padrão

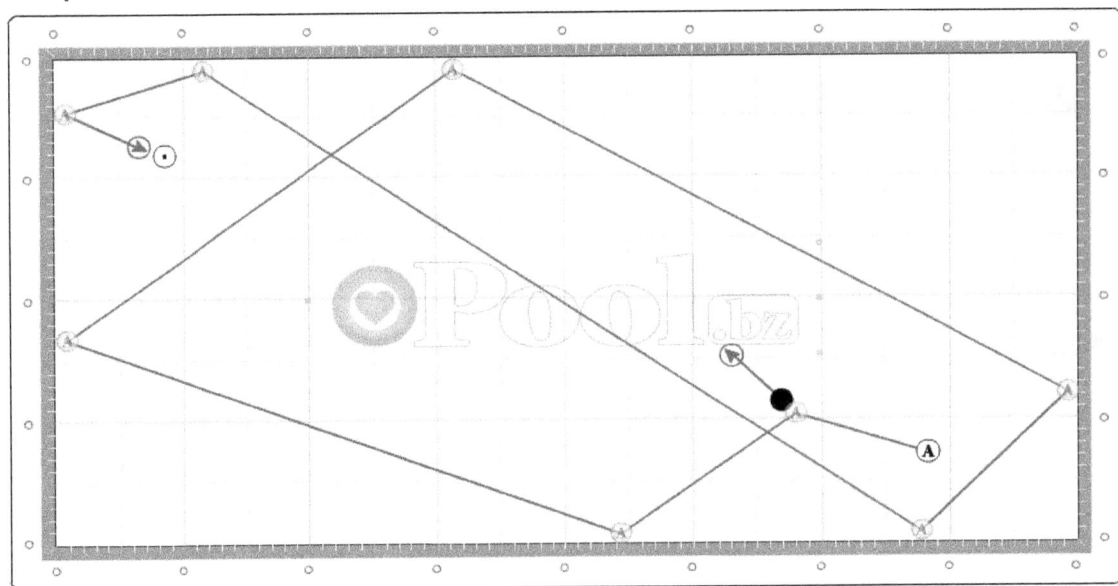

F: Divertido e interessante

Estas situações mostram a forte imaginação do jogador profissional. Mas, às vezes, a pontuação é simplesmente uma questão de sorte, quando confrontados com configurações incomuns.

Ⓐ (CB) (sua bola de bilhar) - ⊙ (OB) (bola de bilhar oponente) - ⚫ (RB) (bola de bilhar vermelha)

F: Grupo 1

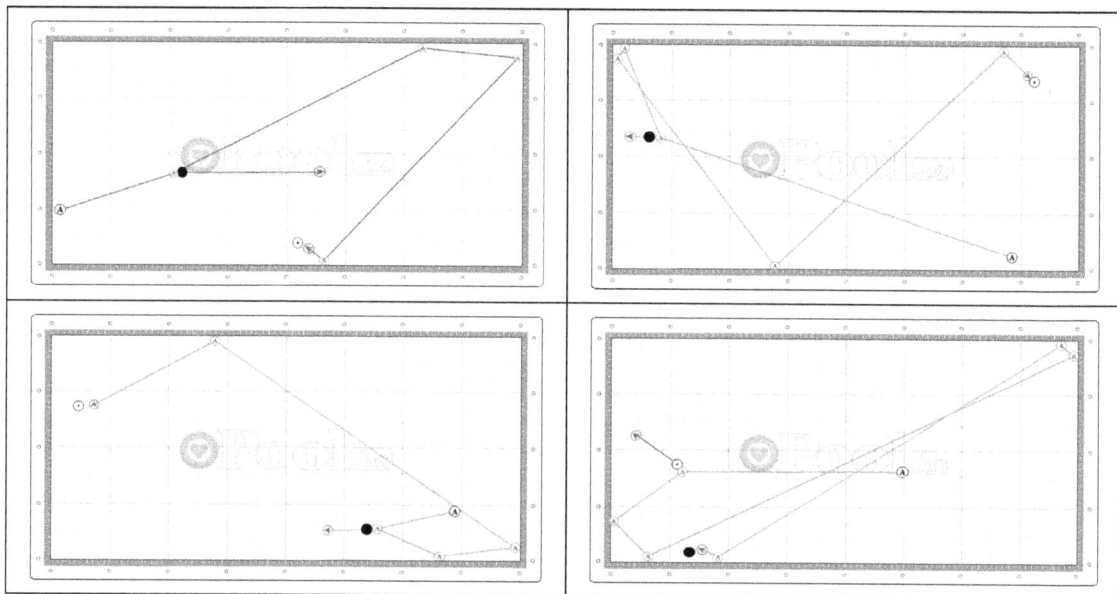

Análise:

F:1a. _____

F:1b. _____

F:1c. _____

F:1d. _____

F:1a – Configuração

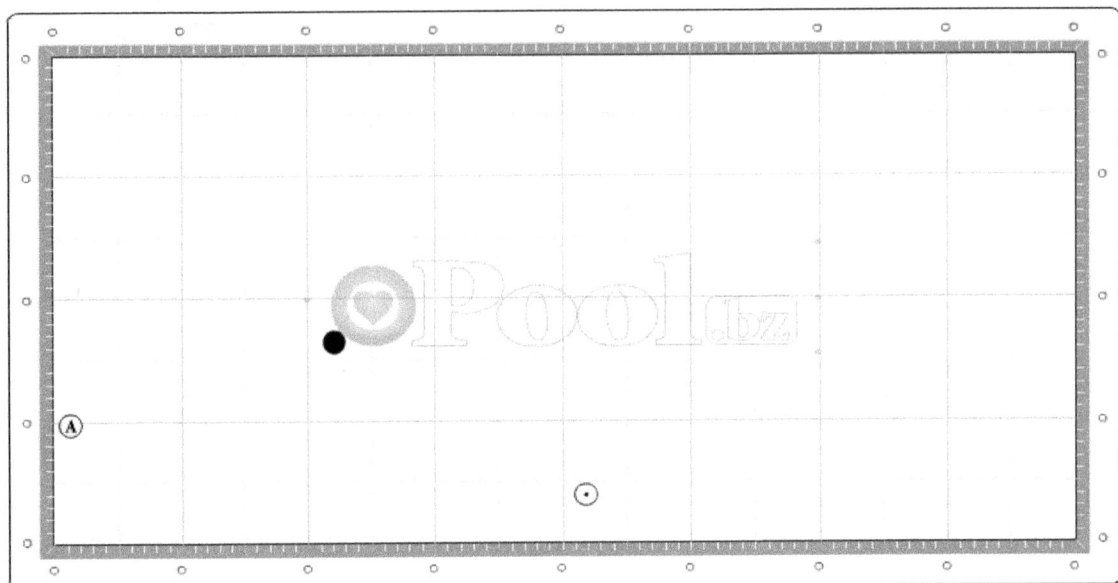

Notas e ideias:

Tiro padrão

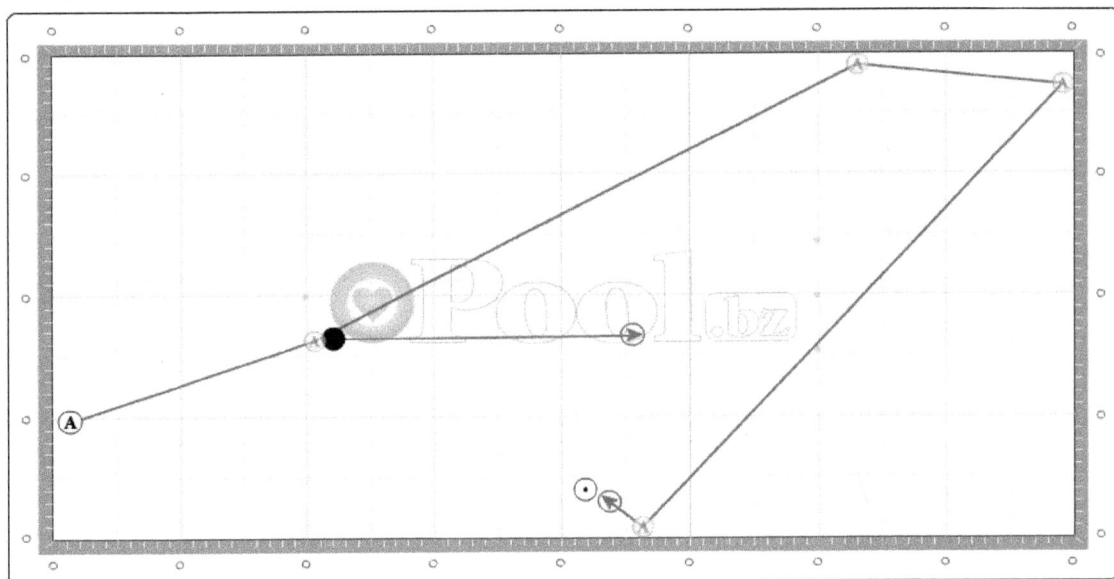

F:1b – Configuração

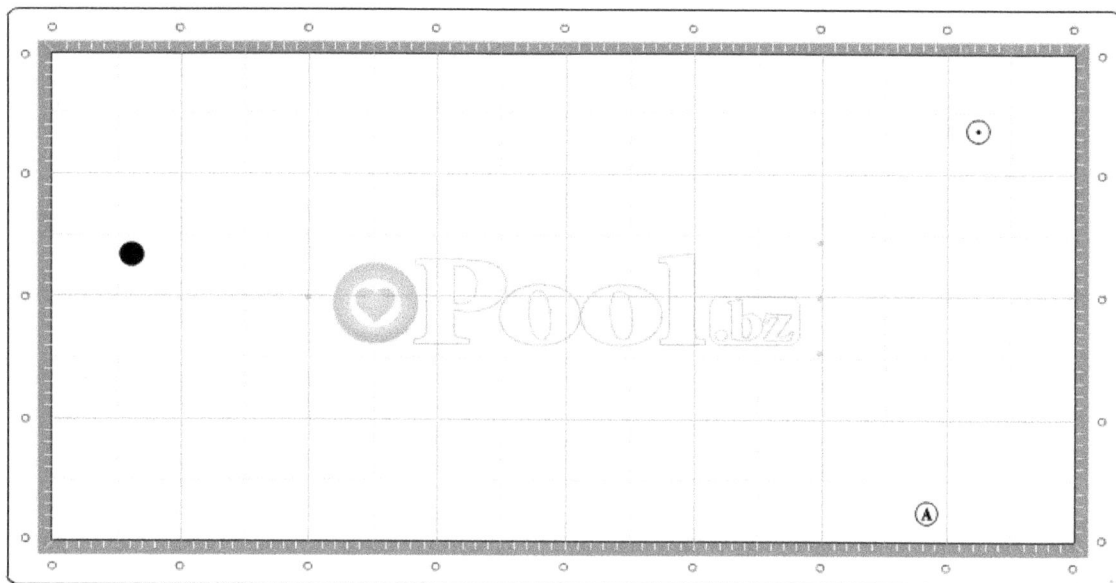

Notas e ideias:

Tiro padrão

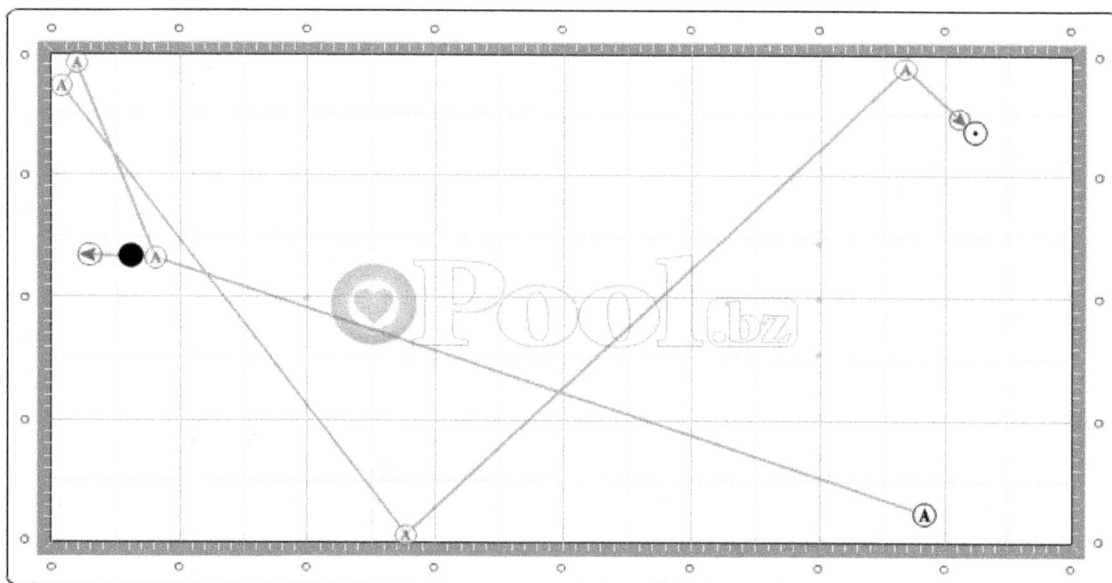

F:1c – Configuração

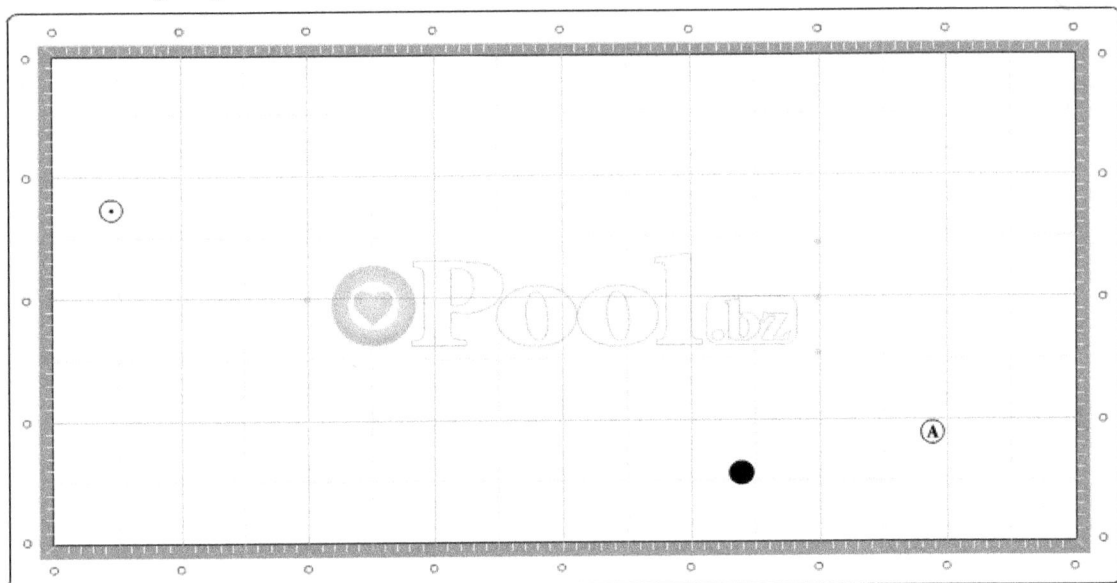

Notas e ideias:

Tiro padrão

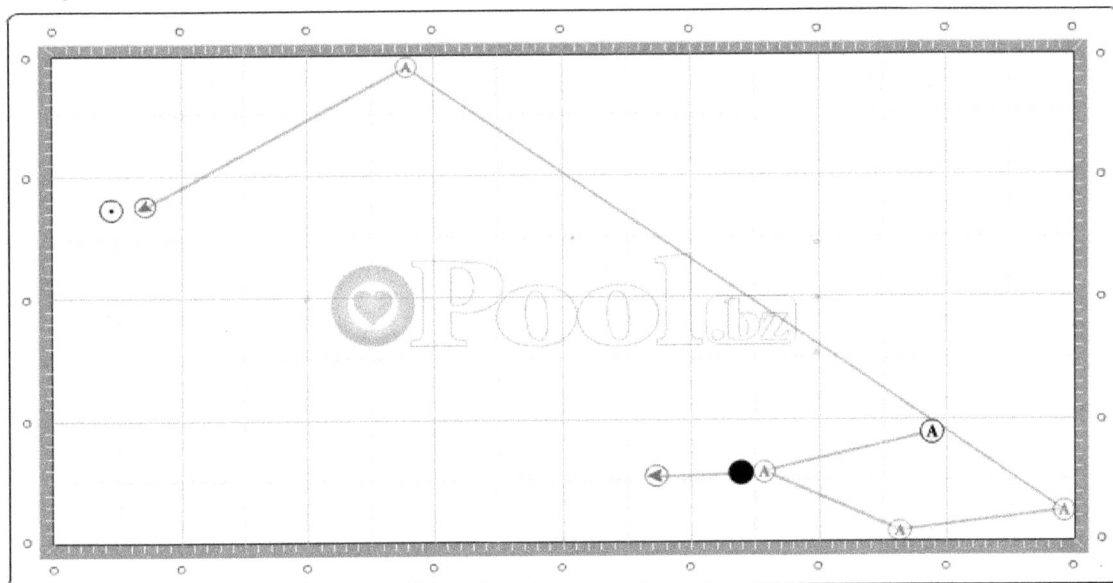

F:1d – Configuração

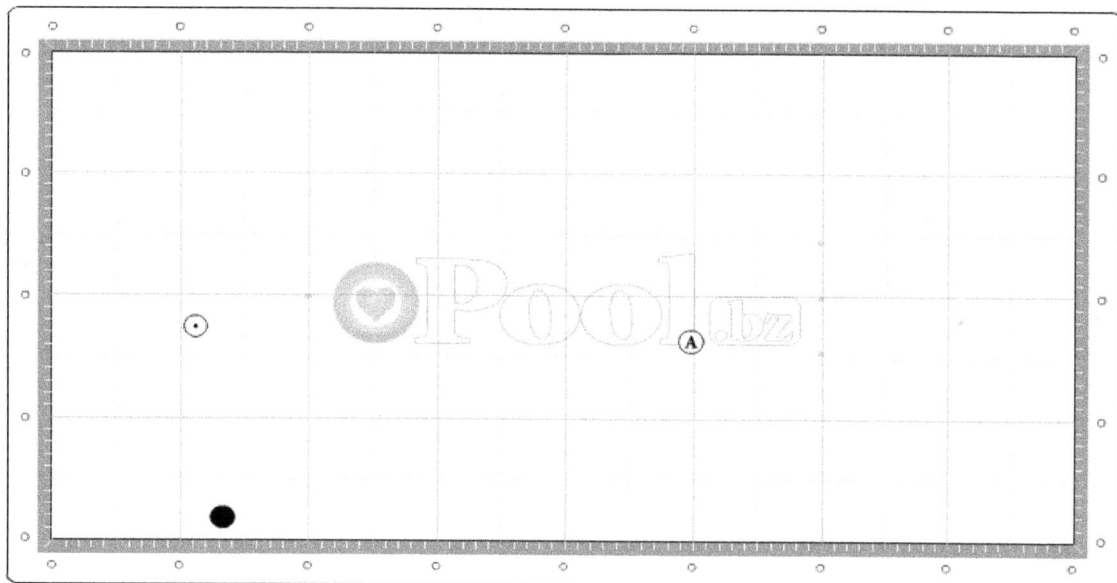

Notas e ideias:

Tiro padrão

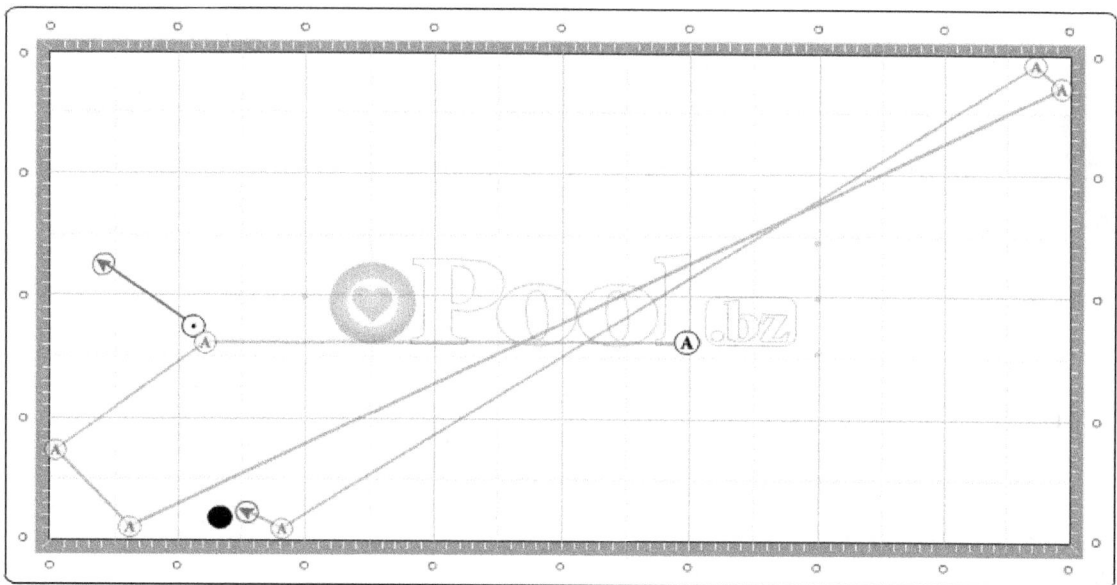

F: Grupo 2

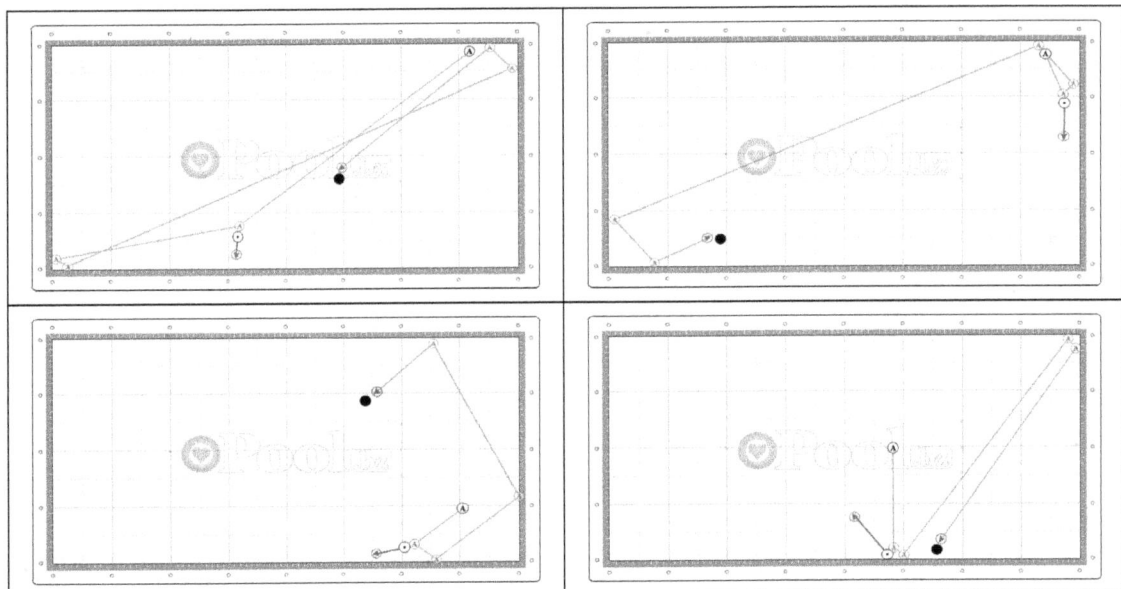

Análise:

F:2a. _____

F:2b. _____

F:2c. _____

F:2d. _____

F:2a – Configuração

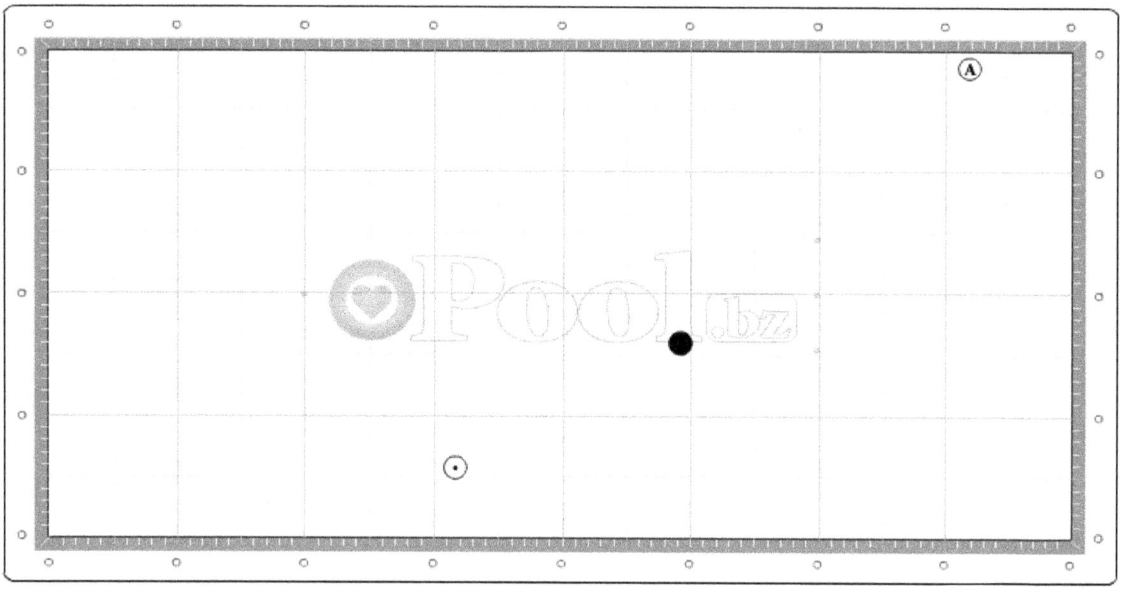

Notas e ideias:

Tiro padrão

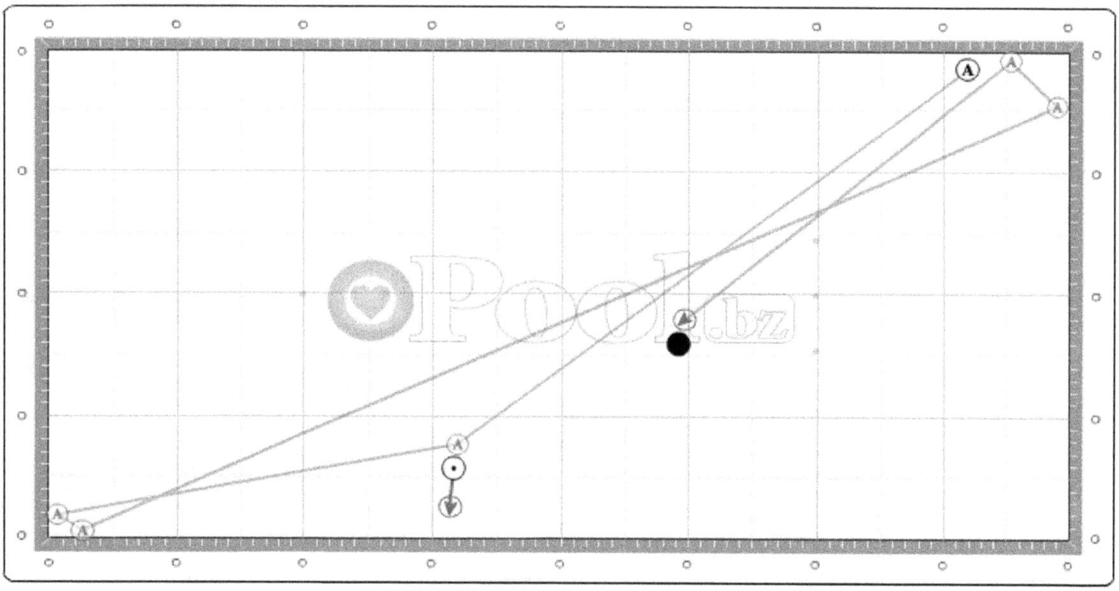

F:2b – Configuração

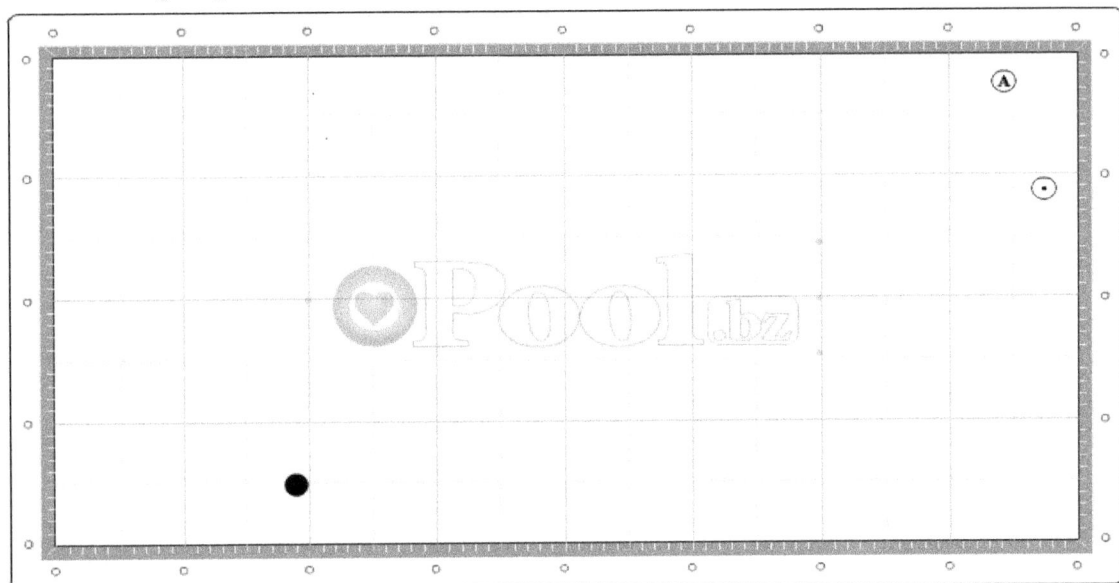

Notas e ideias:

Tiro padrão

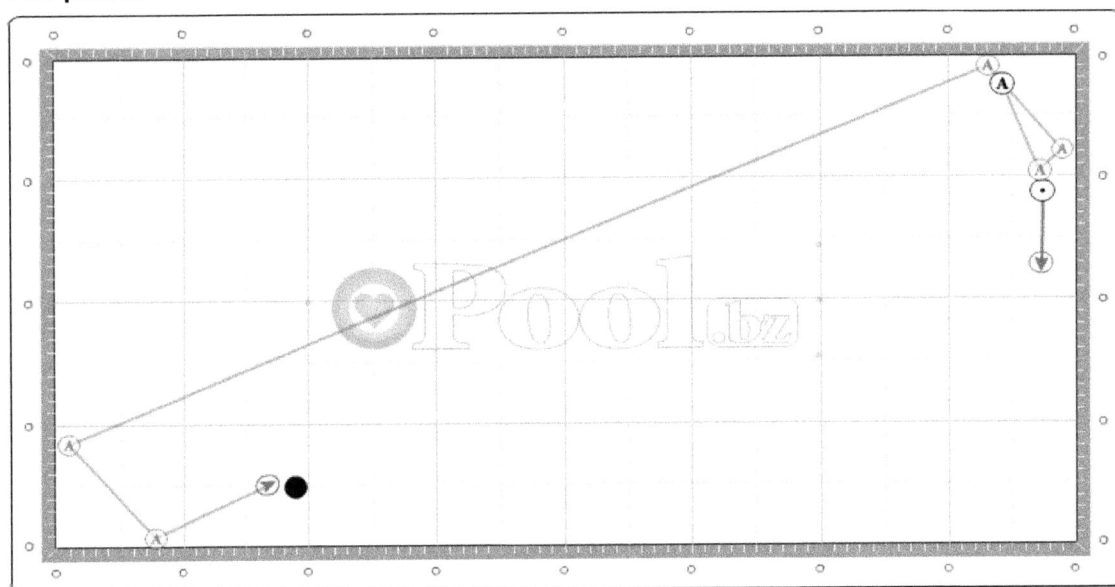

F:2c – Configuração

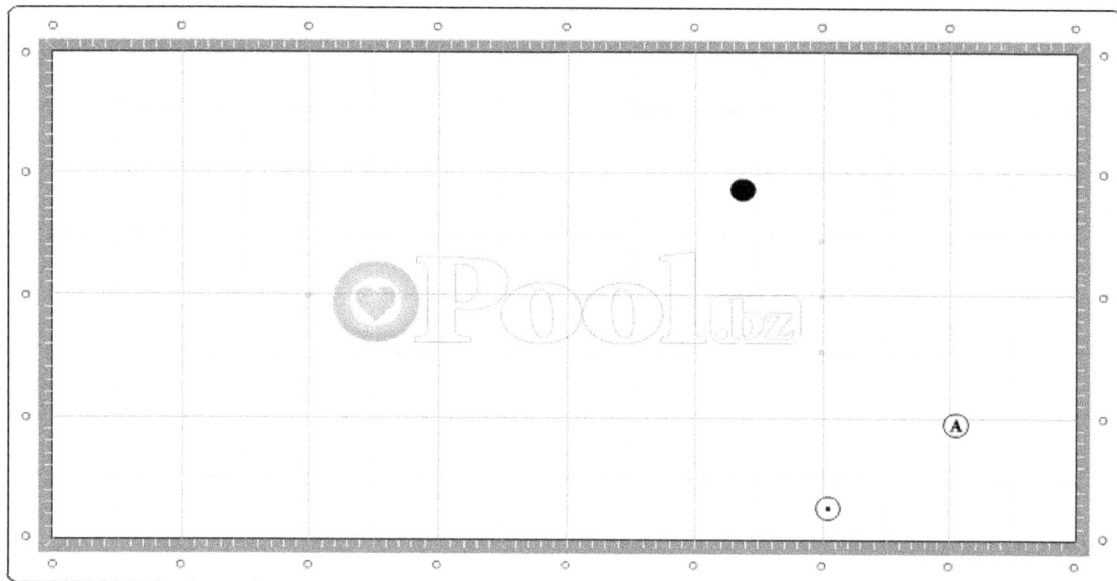

Notas e ideias:

Tiro padrão

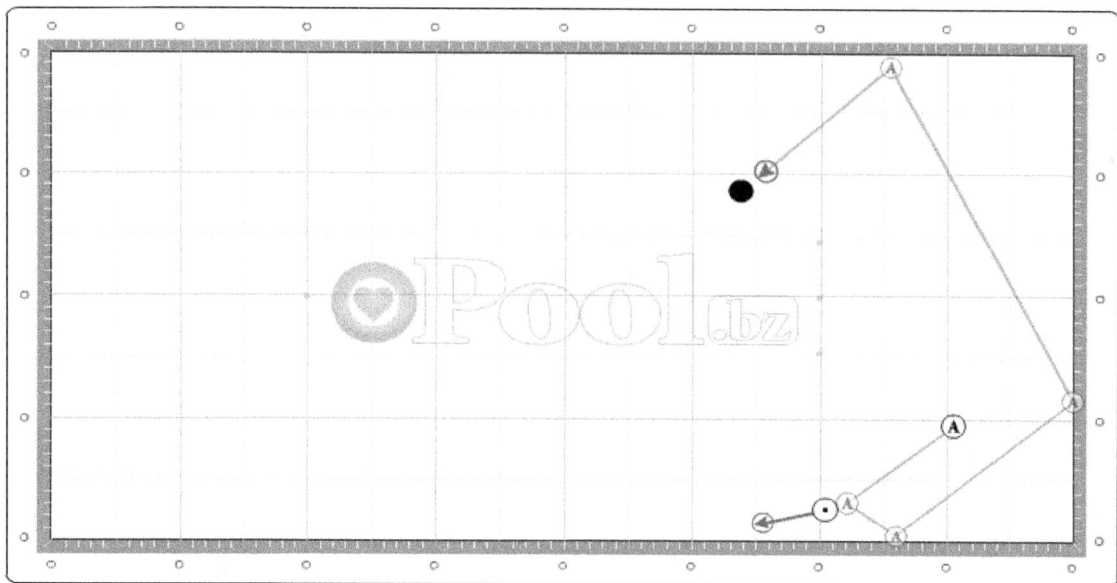

F:2d – Configuração

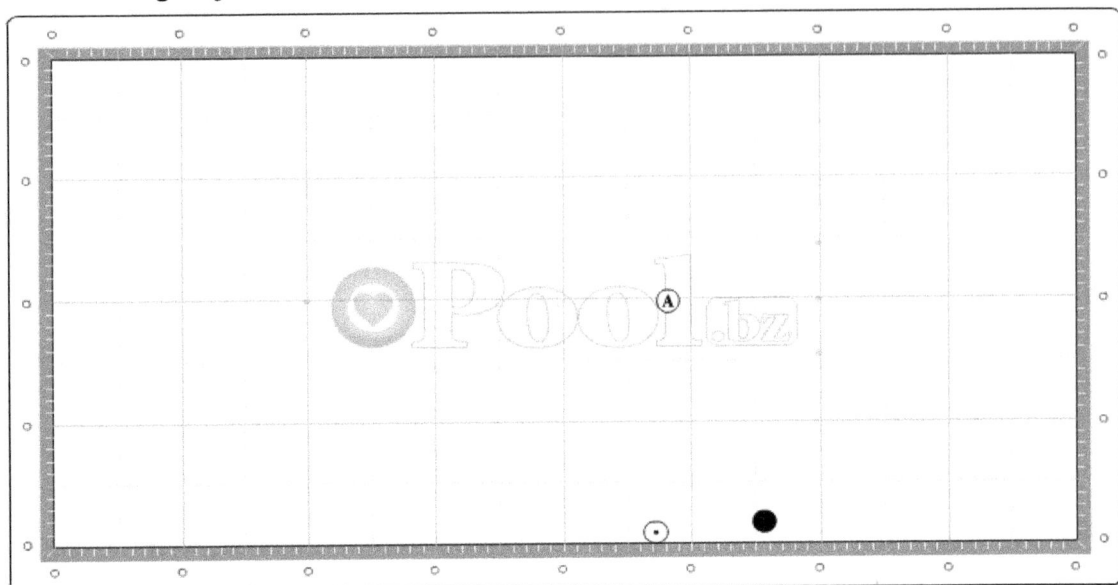

Notas e ideias:

Tiro padrão

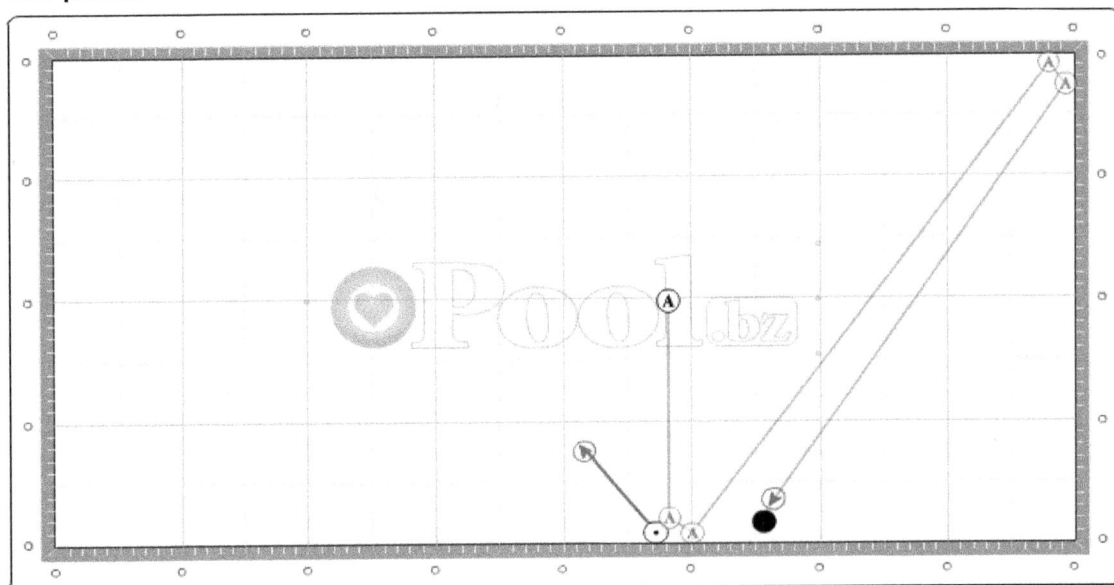

www.ingramcontent.com/pod-product-compliance
Lightning Source LLC
Chambersburg PA
CBHW062050090426

42740CB00016B/3087